Riad Sattouf

ESTHERS TAGEBÜCHER

Mein Leben als Zwölfjährige

Ich sag's euch gleich ...
... ich gehöre zu den Angesagten.

Aus dem Französischen von Ulrich Pröfrock
Handlettering: Hartmut Klotzbücher

REPRODUKT

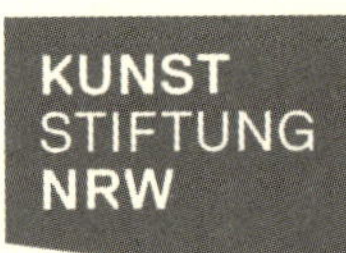

EÜK : *Straelen*

Die Übersetzung wurde gefördert durch das Centre National du Livre, die Kunststiftung NRW und das Europäische Übersetzer-Kollegium Straelen.

Der erste Tag

Ich heiße Esther und bin 11 Jahre alt. Bisher bin ich auf eine Privatschule gegangen, aber jetzt komme ich in die fünfte Klasse auf einem angesehenen Gymnasium im Zentrum von Paris.

Hier bin ich auf dem Weg in die Schule und denk mir: „Okay, jetzt bist du auf dem Gymnasium, meine Liebe."
Mit meinem „Bauch-frei"-Pullover

Eigentlich sollte ich ja bei uns um die Ecke auf die Schule meines Bruders.

Aber das ist eine Problemschule mit viel Gewalt, wo die Mädchen von Jungs belästigt werden, die so bescheuert sind wie er
Hab grad 'nen Krassen für dich gekoffert.
Was sagst du?
Riecht's gut, Esther, na?

Aber mein Vater hat mich zu einem Aufnahmetest für eine Schule in einem feinen Viertel angemeldet... und ich wurde genommen! Mein Vater hat gesagt, das sei ein großes Glück für mich.

Ich bin eine gute Schülerin und ich bin hübsch, deshalb finde ich ja eher, die Schule hat Glück, dass sie mich bekommt.
War 'n Joke!
Soll heißen: „War nur 'n Witz"

Ich sag das nur, weil die in meiner neuen Klasse so was von hässlich sind (ist eigentlich egal, ja, aber doch interessant zu beobachten).

Die hier zum Beispiel, die hat Flaum auf der Lippe und zusammengewachsene Augenbrauen, scheint sich aber wohlzufühlen

An den Füßen hat sie Stan Smiths, so à la „modisch ganz weit vorn"

Der Junge sieht aus wie ein Mädchen. Langes Haar, helle Stimme... Dafür muffelt er nach schlecht getrockneten Klamotten...

Ich hab nur einmal hinter ihm gesessen und hatte dann den ganzen Tag den Geruch in der Nase

Einer ist richtig „süß", ganz wie ein **KÜKEN** oder so was.

Das ist ja nett, aber na ja... mal ehrlich, 'ne „Freundin" von dem werde ich nicht

Ansonsten gibt's noch ein paar „Portuniesen" oder so, deren Mütter sind „Hausmeisterinnen".

Die haben Möchtegern-Fußballerfrisuren
Sie sind immer zusammen

Einen Jungen gibt's, den finde ich großartig. Das ist Louis. Er hat ein tolles Kinn, das passt ausgezeichnet zu seinem Hals.

Pechschwarzer Lockenkopf
Steht voll im Leben
Gerade Nase, perfekt

Und vor allem spricht er mit Erwachsenen, als wär er so alt wie sie, so wie unter „Ebenbürtigen".

Stimmen Sie sich mit den anderen Lehrern ab, damit wir nicht zu viele unterschiedliche Bücher brauchen und unsere Taschen nicht ganz so schwer sind?
Gute Idee!
Ach so. Schade.
Ich, äh, nein, eher nicht.
Ach ja, die Lehrer sind alle URALT

Neulich stand ich auf dem Schulhof und dachte mir: „Ich merk schon, das wird wieder so ein Jahr ohne Freunde", und da hat er mich **ANGESPROCHEN**!

Hallo, ich bin Louis, ich störe doch hoffentlich nicht?
Ich ääh na ja nöö
Er redet richtig „erwachsen", oder?

Ich hab da mal 'ne blöde Frage, aber... Spielst du vielleicht SOLINE LEPIC in „Mach dies nicht, mach das nicht"?
N...Nein! Ich...
Wie aus dem Gesicht geschnitten, irre!

„Mach dies nicht, mach das nicht" ist eine lustige Familienserie, und Soline Lepic ist eine der Figuren, und sie ist die reinste Schönheit.

Das ist sie
Strahlende Brünette
Tiefe selbstbewusste Stimme
Freche Art, eine, die gern spielt
Ich, ihre Doppelgängerin

DIESER JUNGE IST PERFEKT (LOL)

(Nach einer wahren Geschichte von Esther A., 11 Jahre alt)

Riad Sattouf

Die Götter

Dieses Jahr haben wir in Geschichte die alten Griechen durchgenommen.

Das bin ich, ich finde es gerade interessant
Die Griechen praktizierten Polytheismus, weiß jemand, was das ist?

Polytheismus bedeutet, man hat jede Menge Götter. Das ist ja wohl total klasse.

Schaut euch nur mal diese Götterhorde an!

Viel besser als heutzutage, wo es nur einen Gott (männlich) für alles gibt...

Ein göttlicher Diktator, der alles über alles und jeden weiß...
Klar, ich bin hier der Chef, und fertig, aus.
Spielt hier im Alleingang den dicken Max

Wenn man nur einen Gott hat, fühlt man sich allein und von ihm verlassen, finde ich. Wenn er alles ganz allein machen muss, muss er ja überfordert sein...

Lieber Gott, lass den Englischtest morgen ausfallen, ich flehe dich an.
Wie viele Leute bitten ihn wohl gleichzeitig um solchen Kram?

Und am Ende könnte man meinen, er tut überhaupt nichts.

Sorry, war überlastet, hab's verpeilt
You have one hour

Die Griechen haben 'ne ganze Mannschaft, für alles gibt's einen Gott, und vor allem sind da auch **MÄDCHEN** (man sagt „Göttinnen").

Persephone (Frühlingsgöttin)
Demeter (Erntegöttin)
Tyche (Göttin des Zufalls)
Ate (Göttin der Verblendung)

Ich finde das so toll, dass es eine Extra-Göttin für die Liebe gibt, zum Beispiel: Aphrodite.

Eine Model-Göttin, die ihr Leben im Bikini verbringt und sich nur um Herzensdinge bekümmert

Dann gibt's noch ein paar doofe oder unnütze Götter, so wie Apollo. Der Gott der Schönlinge...

Das ist er, halb nackt, voll lächerlich
Na ja, zu diesen Typen passt er ja gut...
Es gibt eben viele Dinge zwischen Himmel und Erde (LOL)

Meine Lieblingsgöttin ist Athena. Die liebe ich. Das ist die Göttin des Kriegs, aber auch der Weisheit (wissen viele gar nicht).

Ich denke oft an sie
Sie ist ein gutes Vorbild für uns Frauen, finde ich

Über ihre Geburt musste ich so lachen. Eines Tages hatte Zeus, der König der Götter, schlimme Kopfschmerzen, da bat er Hephaistos (den Gott des Metalls und der Waffen) um einen Axthieb auf den Kopf, um ihn zu erleichtern (voll komische Idee, LOL).

Ganz feste, bitte ... daaaa
Okay, Chef.

Und der **MACHT DAS** auch noch.

So besser, Chef?

Und da kommt Athena aus Zeus' Kopf, in voller Rüstung und so, und zwar „stinksauer"!

JAAAAAH!

(Nach einer wahren Geschichte von Esther A., 11 Jahre alt)

Riad Sattouf

Die neuen Göttinnen

Ich glaube nicht an Gott, interessiere mich aber für „Götter“, seit wir in Geschichte Griechenland durchgenommen haben.

Das bin ich als Athena, ich liebe diese Göttin

Ich finde das großartig, dass die für alles und jedes Götter hatten, und nicht nur einen für alles, wie heutzutage.

Ich bin alles!
Ich kontrolliere alles
Ich weiß alles über alles!
So was von unglaubwürdig, da macht doch niemand mehr mit!

Ich finde, anstelle unseres männlichen Junggesellen-Gottes sollten wir uns lieber moderne Göttinnen erfinden.

Die hier habe ich mir ausgedacht!
Schlicht und ergreifend (lach)

Welania

Göttin elektronischer Geräte und des Internets

Repariert Smartphones
Weiß alle Passwörter
Stellt Netzzugang her

Jungsania

Göttin für das Verhältnis zu Jungs

Ist stark und prügelt sich wie ein Junge
Beschützt die zarten Mädchen

Dancy

Göttin der Geschmeidigkeit und des Sports

Lässt einen abnehmen, wenn man drum betet

Smartania

Göttin der Intellektuellen und der Schule

Erleichtert Tests oder lässt sie ausfallen
Regt das Gedächtnis an

Athena

Göttin des Krieges und der Weisheit

Im Straßenoutfit, um unerkannt zu bleiben
Die übernehme ich, modernisiere aber ihre Erscheinung

Ozeania

Göttin der Ozeane und der Natur

Atmet unter Wasser
Reinigt die Flüsse
Hält zu Sauberkeit an

Arbeitena

Göttin der Beschäftigung

Ermöglicht es, später einmal Arbeit zu finden

Die Große Mutter

Göttin der Mütter

Ist immer von schwebenden Babys umgeben

Nokturna

Göttin des Schlummers und der schönen Träume

Schläft und hört doch alles

Garstiga

Göttin derer mit fragwürdigem Äußeren

Trocknet die Tränen und macht, dass es weitergeht
Göttin des Humors

Esther

Göttin aller Angesagten

Ist doch nur Spaß, klar!

(Nach einer wahren Geschichte von Esther A., 11 Jahre alt)

Riad Sattouf

Trump

Morgens weckt mein Vater mich und meinen Bruder immer für die Schule (meine Mutter geht schon früher). Normalerweise ist das entspannt.

Außer heute morgen
KATASTROPHE! STEHT AUF!
Das bin ich
Nur ein offenes Auge

TRUMP IST ZUM PRÄSIDENTEN GEWÄHLT WORDEN!

YES, gut gemacht, Donald

Mein Bruder, nichts als Schwachsinn im Kopf

HÄH Wirklich?

Zugegeben, ich weiß nicht wirklich, wer das ist (kein Interesse an Politik, tut mir leid), aber meinem Vater hat er richtig Angst gemacht, der hat von nichts anderem mehr geredet.

Gegen 23 Uhr hat Trump einen deutlichen Vorsprung auf Clinton, und sein Sieg steht außer Zweifel.
UAH verdammte scheliiiße!
Was juckt dich das, mal im Ernst?

Danach in der Schule waren alle so drauf: „Trump ist doch Kacke und überhaupt", das war total lustig.

WENN HIER WER TRUMP MAG, DANN SOLL ER'S GLEICH SAGEN! ICH SPRECH KEIN WORT MEHR MIT IHM!
Eine aus der Siebten hat das im Hof geschrien, echt!

Danach wurde im Unterricht darüber gesprochen, und der Lehrer hat einen Schüler angeschnauzt, weil der gesagt hat, Trump ist doch eine Ente (sein Vorname ist Donald, wie die Figur von Disney).

WAR 'N WITZ, ICH MAG TRUMP NICHT
Hmpf
Mag sein, aber lahme Witze bringen uns hier auch nicht weiter.

Der Präsident von Amerika ist der stärkste von allen Präsidenten auf der Welt (ich weiß zwar nicht, wieso, ist aber so), und gerade war die Wahl, um abzustimmen, wer der Präsident nach Obama sein sollte (ein netter Schwarzer).

Die Leute sollten entscheiden zwischen Clinton ...
... und Trump
Ich weiß gar nicht, wer das ist

Alle dachten, Clinton würde gewinnen, wirklich alle. Und dann wurde im allerletzten Moment Trump gewählt.

Diese blöden Amis ...
Sie hatten doch schon einen Schwarzen als Präsidenten gewollt, warum lassen sie's da nicht mal eine Frau versuchen? Na ja.

Trump, der will seine Feinde **PULVERISIEREN**. Er **SAGT**, er ist Rassist (so was traut sich doch niemand zu sagen), er **HASST** Schwarze, Araber, Chinks (das heißt Chinesen), aber Frankreich ist wohl auf der Liste der Freunde (Glück gehabt).

Verrückt soll er sein
Ich gestehe, ich hätte ihn nicht gern zum Feind

Aber, sehr, sehr schräge Sache: Donald Trump soll **POLYGAM** gewesen sein!

Das heißt, er hat wohl schon mit mehreren Frauen geschlafen, ohne sie zu lieben!
Man fasst es nicht
Aber wen wundert's, er ist eben ein Junge

Ich glaube, wir machen uns zu viele Sorgen. Ich habe Trumps Frau gesehen, und die scheint in Ordnung zu sein. Erstens war sie schon mal im Model-Geschäft, außerdem ist sie 25 und er 80. Ist doch klar, dass sie ihn lenkt.

Sie ist einfach milliardenfach zu schön für ihn

Ich mag ihre Frisur
Harmonisches Ganzes
Fein geschwungener Mund
Schmale, gerade Nase
Ruhig und bedächtig

Irgendwas sagt mir, in Wirklichkeit entscheidet sie, wo's langgeht. Was glaubt ihr (man weiß ja nie)?

Keine Sorge, Papa. Das wird schon. Ich bin ganz sicher.
Hoffentlich, mein Schatz, hoffentlich...

Ich habe gleich gemerkt, wie meine Worte ihn beruhigt haben.

(Nach einer wahren Geschichte von Esther A., 11 Jahre alt)

Riad Sattouf

Die Anleitung

Zurzeit habe ich ein paar Pickel, die immer mal kommen und gehen (sehr lästig).

Hier durchwühle ich gerade die Schminksachen meiner Mutter

Mit Schminke kann man Mängel verbergen oder Partien des Gesichts mit extra dafür gemachten Mitteln hervorheben.

„Korrektor"... Interessant...

Meine Mutter schminkt sich so gut wie nie, aber sie hat eine Menge Sachen, die ich gerne ausprobiere. Ich zeig's euch.

Der Korrektor ist eine Art Grundierung für Augenringe und Pickel
Großzügig auftragen und mit dem Stick verteilen

Dann geht man mit Fond de Teint über alles drüber, auf dem ganzen Gesicht.

Das ist eine zähe, fleischfarbene Paste, die man von der Mitte nach außen verteilt

Mein Gesicht wirkt dann immer gebräunter als der Hals (mit einem Rollkragen sieht man es ja vielleicht nicht).

Dann mit der Puderquaste mattieren, und schon sieht man aus wie frisch aus dem Urlaub (dass ich nicht lache).

KHÖCH!

Dann kann man Mascara nehmen (etwas Schwarzes, für dichtere Wimpern und einen intensiveren Blick).

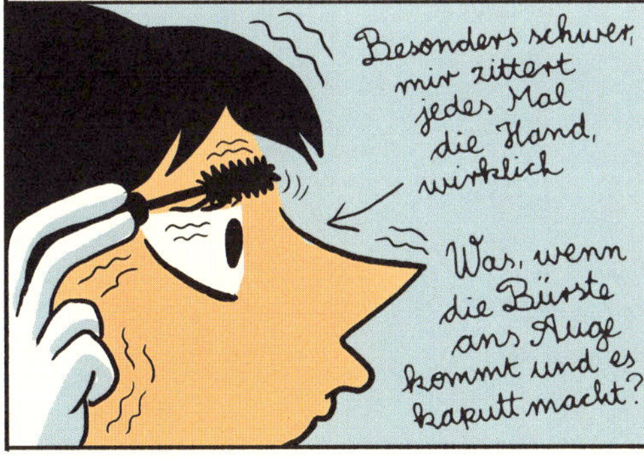

Besonders schwer, mir zittert jedes Mal die Hand, wirklich
Was, wenn die Bürste ans Auge kommt und es kaputt macht?

Und jetzt mein Liebstes: ein Gloss auf die Lippen (macht einen glänzenden, vollen Mund).

Sinnlichkeit

So wirke ich wie 25 bis 30, finde ich.

„Reife Frau"

SCHEISSE, KRASS! IST JA ENTSETZLICH!
Nicht bewegen

VLACK
AUA
Ich tu meinem Bruder gerne weh

(Nach einer wahren Geschichte von Esther A., 11 Jahre alt)

Riad Sattouf

Die Gewalt

Ich gehe in die fünfte Klasse eines Edelgymnasiums im Zentrum von Paris. Um mein Privatleben zu schützen, ändere ich den Namen und nenne es das „ROYAL" (selten so gelacht).

Das bin ich, auf der Hut vor Überraschungen

Um hier reinzukommen, musste ich einen sehr schweren Test machen, weil es an der Schule um die Ecke, auf die ich eigentlich sollte, Gewalt gegen Frauen geben soll, und da war mein Vater besorgt.

Also, ich weiß ja nicht, was die meinen, weil auf dem Royal, da gibt es auch Gewalt gegen Frauen
Ihr habt noch fünf Minuten

Ich erzähl mal, was mir passiert ist. Da sind welche aus der Siebten, die sind groß und zu dritt und immer zusammen auf dem Pausenhof und so, und die haben's immerzu auf Fünftklässler abgesehen.

Wie so Rapper, die ziehen sich an wie mein Bruder
Spöttischer Blick
Kapuze
Jogginganzug
„Requin"-Sneaker

In der Mensa schnappen sie sich Kompott und Dessert der Jungs auf die lustige Tour (richtige Erpressung ist ja schließlich verboten).

HEER MIT DEEM KOMPOTT, SCHWUCHTEL
HAHA
WAR'N WITZ
... NEE, DOCH NICHT, HAHA

Und auf dem Pausenhof gehen sie dann zu Jungs aus meiner Klasse, als wären sie Freunde...

HALLOHO, KUMPEL!
CHECK, KUMPEL!
KUMPEL
Hallo
WIE ISSES, KUMPEL?

... und dann schnappen sie sie von hinten, und es kommt fast immer zu einer Klopperei.

Na ja, der Fünftklässler der wird vermöbelt
HAHA

Neulich ist es mir zu bunt geworden.

HEY, HÖRT JETZT MAL AUF!
?
Nie geht jemand dazwischen

Als ich das gesagt habe, gab's einen Auflauf um uns herum.

Was sagste da? Entschuldige dich bei deinem Herrn.
Hat er echt gesagt
NEE

KLACK

WOOOOOOOOH!
WOOOO!

Die Ohrfeige war nicht superhart, aber es hat mir schon den Kopf verdreht. Ich hab die Meute angesehen, und bei denen, die mich ausgelacht haben, war auch der, DEN ICH VERTEIDIGT HATTE!

'Ne halbe Minute vorher wurde er noch verdroschen! Spinnt der, oder was?
Kchihi

Da habe ich begriffen, dass es bei Gewalt nicht am Ort liegt... SONDERN AN DEN JUNGS.

Wenn Jungs diese Seite lesen, dann frage ich mal: WIESO LIEBT IHR DIE GEWALT?

ANTWORTET.

(Nach einer wahren Geschichte von Esther A., 11 Jahre alt)

Riad Sattouf

Die Smartphones

Eigentlich dachte ich, das Leben auf dem Gymnasium wäre schwieriger (Anforderungen im Unterricht, Freundschaften, neue Verhaltensweisen).

Das bin ich mit Eva, meiner neuen besten Freundin, die bewundere ich. Wir beobachten die Aufsicht
Ist gut, er ist weg

UND HOPP! Also, Facebook...

Diese Woche wurde mein Leben umgekrempelt. Ich erklär's mal.

In meiner Schule sind Smartphones verboten, seit die drei Kapuzenjungs Fünftklässlern „schockierende" Bilder gezeigt haben sollen.

Das sind typische Jungs aus der Siebten, kein Hirn und nur Gewalt im Kopf
Die machen auf Krieger oder irgend so etwas

Weil sie nicht bestraft worden sind (keine Beweise) und sie es geleugnet haben, als der Vater des Fünftklässlers sich beschwert hat, hat der Direktor die ganze Schule bestraft: Generelles Handyverbot (danke, ihr Deppen).

Wer mit dem Handy erwischt wird, kriegt zwei Tage Schulverbot, aber das Risiko gehen wir ein
Nichts!

In meiner Schule haben alle ein Smartphone (Touchscreen, der alles kann).

Alle außer mir, ich hab ein Nokia, das kann nur telefonieren...
... und wenigstens ein paar Spiele

Die einzigen Smartphones, die hier anerkannt werden, sind die iPhones. Und das, von dem alle träumen, ist das iPhone 5S (mehr als das 6 oder das 7... seltsam.)

Ja, Papa, wo bist du?
Die, die eins haben, sind angesagt
Ja, sogar die Hässliche mit den zusammengewachsenen Augenbrauen (gräuslich)
Kaum draußen, geht sie sofort auf Facetime, damit alle sagen: „Woaaw, die hat ein 5S..."

Ich hab mich so geschämt für mein Nokia, dass ich meinen Vater beim Rausgehen einfach nur so angerufen habe.

Ganz verschämt hab ich's unter meinen langen Haaren versteckt
Duu, Papa, wo bist du denn?

Aber jedenfalls hat Eva letzte Woche mein Leben verändert. Die ist ein Genie, kann ich euch sagen.

Du Ärmste... Du tust mir leid... Gib mal dein Phone.

Sie hat sich mein Nokia geschnappt und dann das gemacht:

PTFF!

Jetzt lass den Dingen ihren Lauf.

Resultat: Es hat noch funktioniert, aber man hat mich nicht mehr sprechen hören!

Wie kann es sein, dass das Ding schon kaputt ist?!?
Ich hab getan, als wüsste ich von nichts

Mein Vater hat gemeckert, dann ist er in sein Zimmer gegangen... und ist mit seinem alten iPhone 3 wiedergekommen und hat es MIR GESCHENKT!

Hier! Ohne Internetvertrag, aber Telefonieren geht!

JETZT HABE ICH EIN iPHONE!

Und dank Evas Hotspot komme ich auch ins Internet
Ich kann's kaum glauben!
Eva, meine Retterin!
Grandios!

(Nach einer wahren Geschichte von Esther A., 11 Jahre alt)

Riad Sattouf

Der Weihnachtszauber

Ich bin ein richtiges „Listen"-Mädchen. Ich mach Listen für einfach alles. Ich liebe das, ich finde das „klar und hilfreich". Hier zum Beispiel die Liste von all dem, was ich an Weihnachten mag.

Das bin ich auf der Straße, wie ich über diese Liste nachdenke

1 - Der Weihnachtsbaum natürlich, und die Weihnachtsdeko. Ich mag die Lichterketten, den Glanz auf den Kugeln und den Tannengeruch.

Unser Baum ist IMMER schief (lustig), aber ich mag ihn jedes Jahr

2 - Gaëtans Gesicht - mein einjähriger Bruder - wie er den Baum ansieht

So à la: „Das ist das Allerschönste in meinem ganzen Life" (das heißt „Leben")

3 - Die Wunschliste für den Weihnachtsmann machen, statt der Hausaufgaben.

„Lieber Weihnachtsmann, ich wünsche mir ein iPhone 7, weil mein iPhone 3 ist doof. Nein, war ein Scherz, ist viel zu teuer. Ich freu mich über alles."

4 - Die Spielzeugwerbung im Fernsehen, die es nur dann zu sehen gibt.

Hey! Damit kann man ECHTE Kuchen machen! VOLL GUT!
Smoby Smoby Chef! Mama, Mama, wir lieben Kuchen! Jaaaah! Viele Rezepte, Super Zubehör, und die Cupcakes...

5 - Die geschmückten Straßen.

„Märchenhafte" Stimmung, einfach zu schön

6 - Mit meinem Vater „Da graust sich ja der Weihnachtsmann" anschauen, der meint, den hätte er zu oft gesehen, und der dann trotzdem lacht.

HAHAHA
TOTAL IRRE!
Das ist Kloug, in die Achselhöhlen geschmiert

7 - Die Schokoladensorten, die es nur an Weihnachten gibt.

Die Papillotes (lecker)
Kinderschokolade-Weihnachtsmänner (köstlich)
Die Pyrénéens (cremig)
Idee: Könnte es doch das ganze Jahr über geben!

8 - Die Geschenke untersuchen, die meine Eltern im Kleiderschrank versteckt haben, um an der Form zu erkennen, ob man bekommt, was man sich gewünscht hat.

HAAAH! Aber! Aber! Ist das ein iPhone?!
ICH GLAUB'S JA NICHT!

9 - Das Festtagsessen meiner Eltern kritisieren.

Zu lustig, was er für ein Gesicht zieht
Aber Papa! Du lässt dir die kranke Leber eines TOTEN Vogels schmecken, ist dir das klar?
EIN TOTER VOGEL!

10 - Die Bûche, weil ich die Vorstellung immer schlimm finde (ein Holzscheit aus Kuchen, komisch, oder?), dabei ist es eine Köstlichkeit.

Mjam

11 - Die Weihnachtsgeschenke auspacken (hab ich nicht an erste Stelle gesetzt, das hätte gierig gewirkt) und ein wenig... Wie sag ich das jetzt...? ENTTÄUSCHT sein.

Ooh! Das iPhone, das ich mir so gewünscht habe! Toll!
Und du, Esther? Freust du dich? Mach uns doch Cupcakes!
iPhone
SMOBY CHEF KUCHENFABRIK

(Nach einer wahren Geschichte von Esther A., 11 Jahre alt)

Riad Sattouf

Das Alter

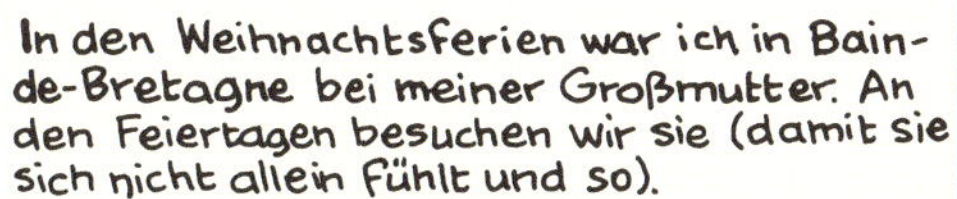

In den Weihnachtsferien war ich in Baindde-Bretagne bei meiner Großmutter. An den Feiertagen besuchen wir sie (damit sie sich nicht allein fühlt und so).

Das bin ich, bevor ich euch etwas zeige.
Saaaachte, meine Schöne… Sachte…

Also… Ganz sachte… Ich möchte euch vorstellen… Saaaaachte…
Sachte.
Darf ich vorstellen …

… MANUELA.

Das ist ein „Saphir"-farbener Dsungarischer Zwerghamster, den ich zu Weihnachten geschenkt bekommen habe.

Ja, das ist die Größe meines Daumens im Vergleich zu ihm
Neugierig
Er heißt Manuela, eine Hommage an Manuela Diaz aus „The Voice Kids", ein Mädchen das sehr schön singt

Was für eine Überraschung, ich hatte ihn mir gar nicht gewünscht! Ein Geschenk von meiner Großmutter.

Wirst schon sehen, ein echtes Tier ist viel besser als all der Elektronikkram! Eine große Verantwortung!
Sie ist wirklich die Mutter meines Vaters, sie denkt wie er (LOL)

Diese Hamster kommen wohl aus Russland. Es sind unscheinbare, hübsche Nager, kleiner als ein Goldhamster, aber eleganter und nicht so plump (finde ich jedenfalls).

Ein Goldhamster
Manuela
Mein Schätzchen
Welchen mögt ihr lieber, mal ehrlich?

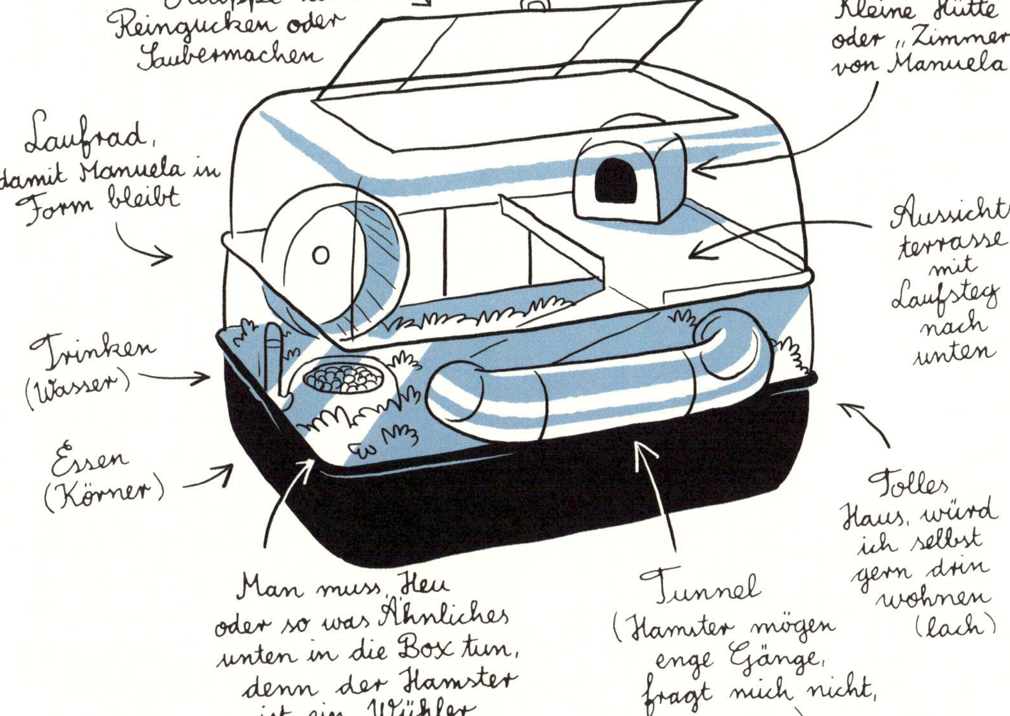

Das ist Manuelas Haus
(habe ich auch geschenkt bekommen)
Klappe zum Reingucken oder Saubermachen
Kleine Hütte oder „Zimmer" von Manuela
Laufrad, damit Manuela in Form bleibt
Aussichtsterrasse mit Laufsteg nach unten
Trinken (Wasser)
Essen (Körner)
Tolles Haus, würd ich selbst gern drin wohnen (lach)
Man muss Heu oder so was Ähnliches unten in die Box tun, denn der Hamster ist ein Wühler (die graben sich gerne ein)
Tunnel (Hamster mögen enge Gänge, fragt mich nicht, warum)

Hamster leben scheint's zwei Jahre. Manuela ist zwei Monate alt, das soll einem menschlichen Alter von zwanzig Jahren entsprechen.

Manuela, du bist letzten Oktober geboren und jetzt schon eine junge Dame.

Ich habe ausgerechnet, wie alt ich in Hamsterjahren wäre, glatte 408 Jahre.

Ich bin eine 408-jährige Hamsterin
Ich fasse es nicht

(Nach einer wahren Geschichte von Esther A., 11 Jahre alt)

Riad Sattouf

Der Homosexuelle

Ich bin keine Problemschülerin. Ich meine, ich mache meine Hausaufgaben, auch wenn's mir nicht gefällt, nach dem Motto: „Muss man halt machen, fertig, wozu sich aufregen?"
Das bin ich, wie ich spüre, dass ich eine gute Note in Französisch bekommen werde

Schön-schön. Ich habe eure Aufsätze durchgesehen! Wirklich sehr viel Gutes dabei! Ich bin sehr, sehr zufrieden, die Fortsetzung zu „Ariadne und der Minotaurus" zu schreiben, hat euch sehr inspiriert, meine Lieben...
Aaalso... der Aufsatz, der mir am besten gefällt, ist der von... von...
Der vooooon ...

ESTHER NATÜRLICH, HIHI!

In unserer Klasse glauben wir, dass der Französischlehrer homosexuell ist (die anderen sagen „Schwuchtel", aber ich nicht, ich finde das beleidigend).

Alle hassen ihn deswegen. Ich geb's zu, er nervt ganz schön mit seinem seltsamen Getue und seiner „sehr verständnisvollen" Art.
17/20 Für meine Esther.

Er mag mich wirklich sehr. Wie peinlich.
Spannend, tolldreist, eine gelungene Fortsetzung, sehr schöne Idee, am Ende diese „Minotaurin" einzuführen.

Oh, der ist ja hübsch, dein blauer Ordner...

?!?

Blau ist meine Lieblingsfarbe.

Ein Junge sagt doch nicht einfach so vor allen Leuten, dass er eine Farbe mag... So seine Empfindungen kundzutun, das machen doch nur die Mädchen...
Haha
„Blau ist meine Lieblingsfarbe"
Lea, 15, sehr gut.

Jungs, die müssen düster sein, und hart.
Wie Louis
Man weiß nie, was er denkt
Tiefgründige, geheimnisvolle Ausstrahlung

Wenn die Jungs jetzt genauso anfangen wie die Mädchen, was bleibt den Mädchen denn dann noch?
Auf, meine Lieben, jetzt aber an die Arbeit!
Kann er nicht einfach die Klappe halten?

Ein Junge ist ein Junge, und ein Mädchen ist ein Mädchen. Mag doch wohl keiner, wenn das durcheinandergeht. Ich jedenfalls nicht.
ESTHER!
Louis?!?

Esther! Findest du das nicht komisch, wie der Lehrer mit dir spricht? Pass lieber auf, man könnte meinen, er will dich VERGEWALTIGEN!
Ich will euch ja nicht schockieren, aber das hat er gesagt, so ist mein Leben.

Wieso hat er das gesagt? Jetzt habe ich Angst

Noch dazu ist Blau auch meine Lieblingsfarbe!

(Nach einer wahren Geschichte von Esther A., 11 Jahre alt)

Riad Sattouf

Der neue Sound

Zurzeit gibt es einen neuen, sehr frischen Sound (das heißt „gut"), auf den ALLE stehen, das ist die neueste Platte von Black M.

Da schaue ich mir das Video an und denke, ich werde es Papa zeigen, damit er seine Meinung über Black M ändert

Black M ist ein sehr schöner Rapper, den ich früher nie gehört habe (weil mein Bruder ihn mochte). Aber sein neues Lied ist gut, muss ich zugeben.

Schau und hör einfach zu, Papa!
Black M? Das machst du mit deinem Telefon?
Ich liebe meinen Vater, aber er hasst die Kultur von uns Jugendlichen

Das heißt „French Kiss" und handelt von... Ich weiß nicht genau, aber mit dem Kuss hat das nichts zu tun (ja, ich weiß, was „French Kiss" bedeutet).

Es fängt an mit einem schwarzen Kind in einer Küche, das hört, wie an die Tür geklopft wird

Und draußen steht ein total wunderschönes Mädchen (ungefähr mein Alter).

Sie hat „Dreadlocks", das ist eine Schwarzen-Frisur, aber sie ist ein Weißbrot (das heißt eine „Weiße")
Großartig
Zu stolz, es zu zeigen, ihr Gefühl. Das ist kein Spiiiiiel

Dann trinken sie „Innocent"-Orangensaft (das ist eine Marke).

Hohoo, frech, krasse Schleichwerbung, haha!
Papaaa!

Dann stecken sie beide unter einer Decke und das Mädchen macht total „komische" aber voll schöne Bewegungen.

So eine Schönheit, echt
Lass den Blödsinn schon seiiin

Am Morgen bringt das Mädchen Frühstück, und es gibt wieder „Innocent"-Orangensaft.

Ist das 'ne O-Saft-Werbung, oder was?
Aber PAPA! Ist doch egal, zuhören!
'Tschuldigung!
Ich glaub, ich bin immer noch kein Fan!

Danach ist sie in der Badewanne und träumt von Quietscheentchen.

Für eine, die weg ist, kommen zehn neuuue
Sie hat einen seltsamen Blick, gar nicht „kindlich"

Dann drehen sie ab und tanzen wild herum, so als Roboter verkleidet.

Ich mag sie gern, ich mag sie sehr, French Kiss

Und danach tanzen sie „Hip-Hop", total beeindruckend (das ist der schönste Tanz auf der Welt, aber auch der schwerste) und man kapiert, dass das nämlich super Tänzer sind.

Ich mag sie noch viel mehr. French Kiss!

Papa, hättest du was dagegen, wenn ich mir Dreadlocks mache?

Kein bisschen, wenn du 18 bist!

Mein Papa! Hart, aber witzig

Wir waren vor dem Regal mit den Säften, und da gab es auch „Innocent". Ich habe meinen Vater aber gar nicht erst gefragt, ob wir welchen kaufen, ich kannte seine Antwort schon. LOL.

Aber der sieht total lecker aus, echt

(Nach einer wahren Geschichte von Esther A., 11 Jahre alt)

Riad Sattouf

Die Krankheit

Ich mag ja den Winter. Ich find's immer lustig, weil zu der Jahreszeit bei meinem Vater jedes Mal die Nerven TOTAL blank liegen.

Da komme ich aus der Schule und will ihn ein bisschen „auf die Palme bringen"
PAPA! IN MEINE ARME!

ESTHER! WAS MACHT MAN, WENN MAN VON DRAUSSEN KOOOOMMT?!
„Nicht Hände waschen, sondern schön die Finger ablecken, mit denen man die Stangen in der Metro angefasst hat"

SCHLRPSSS

ESTHER, DAS IST EKEL-HAFT...
Ein Scheheeerz! Ich hab saubere Hände!
Hab das genommen!
Was mit Alkohol

Mein Vater ist Fitnesstrainer und muskulös (stark, fürchtet sich vor keinem), ist intelligent (hat Abitur) und gefühlvoll (weint manchmal vor dem Fernseher), aber hat IRRE Angst vor Magen-Darm.

Also wirklich, Papa
AHHH mein Mädchen! Gib mir ein bisschen ab!
Fuuit

Magen-Darm ist eine echt ekelhafte Krankheit: Man kotzt und/oder hat Durchfall... Das dauert zwei oder drei Tage, dann ist es vorbei (aber vor allem ist es sehr ansteckend).

Einem, der's hat, nur die Hand schütteln und das war's
Ein Hauch genügt!
Wenn so einer die Klospülung zieht, schleudert er jedes Mal Tausende Milliarden Viren in die Luft
Klinke mit Magen-Darm (unsichtbar)

Mein Vater sagt, die Franzosen sind eklig, weil sie sich nie die Hände waschen, nachdem sie auf dem Klo waren.

Stimmt schon, in meiner Schule wäscht sich kein Mädchen die Hände auf der Toilette
PSCHHH

Er sagt, in Frankreich gibt es richtige Magen-Darm-Epidemien. Anscheinend waschen sich in anderen Ländern die Leute öfter die Hände.

Im Zug in die Bretagne hab ich diese Oma gesehen, die hat gespült und dann hab ich aber kein Wasser laufen hören.
KLACK
SSSCHHH
E-KE-LIG
Und die kam sogar aus der 1. Klasse (für die Reichen)

Eigentlich ganz lustig (aber auch irgendwie traurig), dass mein Vater sich das trotz aller Vorsicht immer in seinem Fitnessstudio einfängt.

Geht's denn, Papa?
Ja, ja... Esther, ich sitz aufm Topf, lass mich einfach in Ruhe
Khhh

Dann muss er Kartoffeln essen und labberige Cola trinken und mein Bruder Antoine macht sich voll fies über ihn lustig.

Du wäschst dich nicht genug, ist ja krass widerlich, haha
Der Ärmste, völlig fertig

Jedenfalls haben wir's am Schluss immer alle, wegen ihm.

Man sieht's total, wie leid es ihm tut, der Ärmste

Also: Frankreich, wasch dir die Hände. Danke.

(Nach einer wahren Geschichte von Esther A., 11 Jahre alt)

Riad Sattouf

Das kriminelle System

Meine Schule ist eine Gratisschule, wo alle aus wohlhabenden, sehr reichen Familien kommen (außer mir, wohlgemerkt, LOL).

Da stehe ich im Hof, so in der Stimmung „Tja, jetzt ist der Winter wohl da"

Na, jedenfalls ist neulich „Babyface" (so nenne ich einen Jungen aus meiner Klasse, der ein Gesicht wie ein Baby hat) zu mir gekommen und hat gesagt:

Äh, Esther, kannst du mir zwei Euro leihen?
Kriegst du nächste Woche zurück, versprochen, bittööö

Weil er mich vor einer Weile ausgelacht hat, als ich ihn gegen ein paar Große verteidigt habe, die ihn geschlagen haben, hab ich gesagt: „Nein, hau ab."

Er hat sofort jemand anders angehauen
'Tschuldigung! Leihst du mir zwei Euro? Kriegst du auch wieder

Dann ist Eva (meine beste Freundin auf der Schule) zu mir gekommen und hat gelacht.

Hey, was geht da ab? Alle Jungs aus der Fünften versuchen sich Geld zu leihen!

DAS WAR TOTAL SELTSAM.

ALLE Jungs aus der Fünften haben die Mädchen um Geld angebettelt!

Bis sich so eine Streberin bei der Aufsicht beschwert hat.

Sie, der da, der versucht mich zu erpressen!

Da ist die Sache aufgeflogen!

Auf der Schule gibt's in der Siebten drei harte Jungs (so „Heruntergekommene", die ständig Ärger machen)

Fragt mich nicht, wieso, aber zwei aus der Achten haben angefangen, die nachzumachen und sind auch harte Jungs geworden.

Vorher waren die so:
Und jetzt sind sie so:

Die wurden dann die Anführer der harten Jungs aus der Siebten. Sie wollten Geld von ihnen, um sich Sachen zu kaufen, da haben die Rüpel aus der Siebten die Jungs aus der Fünften gezwungen, Geld für sie aufzutreiben.

Sie haben sich die „kriminellen Mafia-Bro's" genannt
„Bro's" heißt Bande, auf der Straße spricht man so (gefällt mir ganz gut)

Nach der Denunzierung hat der Direktor dieser Mafia ein Ende gemacht. Aber weil es gegen die Rüpel keine Beweise gab, sind nur die aus der Fünften dran gewesen.

Die kommen mit allem durch
Die sind clever

Aber jetzt wird Babyface offenbar bedroht. Er soll die Rüpel denunziert haben, als er selbst denunziert wurde, und jetzt wollen sie ihn umbringen.

Nach Schulschluss beeilt er sich immer, ins Auto seiner Eltern zu kommen

JETZT BISTE DRAN, BABYFACE!!!

(Ich weiß, das ist nicht schön für ihn, aber na ja)

(Nach einer wahren Geschichte von Esther A., 11 Jahre alt)

Riad Sattouf

Die Bilanz

Diese Woche hatte ich Geburtstag und bin 12 geworden! Das ist lustig, weil wir in der Schule auch eine medizinische Untersuchung hatten (gibt's anscheinend nur in der fünften Klasse) und das war, als wär das ganze Leben auf dem Prüfstand oder so was. Zwei Krankenschwestern haben mich gemessen und alles, und dabei haben sie wissenschaftliche/persönliche Fragen gestellt („Haben Sie Probleme mit der Familie? Haben Sie schon einmal Drogen genommen? Haben Sie Ihre Regel?"). Und da bin ich auf die Idee gekommen, zum Spaß mal eine Bestandsaufnahme von mir selbst zu machen (ich red ja zu gerne über mich, ich geb's zu, LOL).

Ich mit 12 Jahren

Haare, dicht und schwarz
Nase, gerade (zum Glück)
Auch von hinten hübsch (ja, ich mag mich, ist doch besser, als sich zu hassen, oder nicht?)
Größe: 152 cm! Normal, weder groß noch klein, geht noch weiter (zum Modeln erforderliche Mindestgröße: 175 cm)
Gewicht: 41 kg
Ja, ich verrate mein Gewicht, ich bin ein modernes Mädchen
Kopf, leicht nach vorne geneigt (Aber ich gleich's immer aus, indem ich mir vorstelle, mein Kopf würde an einem Faden hochgezogen, eine Technik, die vom Tanz her kommt)
Arme, schmal und zierlich (ich mag meine Arme)
Mein Komplex: Ich habe weiße Pickel auf dem Nasenflügel
Beine, zu mager, mit meinen zu großen Füßen sieht das aus wie ein L
Ich geb's ja zu, man sieht's: die eingedrehten Füße
Füße ein bisschen einwärts gedreht (nicht schlimm)
Ich habe Größe 34, klein, die Stan Smith fangen bei 35 an, Geduld (lach!)
Urteil der Krankenschwester: Ich bin normal

Wie wär's mit einer neuen Frisur, zur Feier des Tages?

Zöpfe? Ein bisschen zu sehr kleines Mädchen

Carré? Zu brav

Afro-Flechtfrisur? Gewagt: Gefällt mir

Bubikopf? Mag ich sehr

Zurück zum Pferdeschwanz?

Ah, und mein Augenlicht ist sehr gut, ich habe Sehtests gemacht. Ich sehe alles

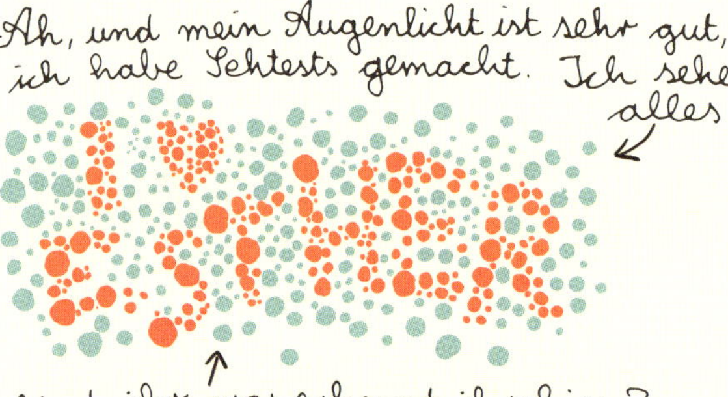

Und ihr, was erkennt ihr hier? Nichts? Geht zum Arzt!

Weil ich jetzt 12 bin, kann ich endlich „50 Shades of Grey" ansehen, ein etwas unheimlicher Film über eine verzehrende Leidenschaft, der für unter 12-Jährige verboten ist!

Schön und hart
Unterworfen und hingerissen

(War nur Spaß, ich will ihn gar nicht sehen LOL)

(Nach einer wahren Geschichte von Esther A., 12 Jahre alt)

Riad Sattouf

Die Kritik

Wusstet ihr, dass ich weltberühmt bin? Ich übertreibe (ich liebe Humor)...
Das bin ich, hochzufrieden mit 19/20 Punkten in Französisch, wie ich beim Heimkommen den Code in die Schließanlage eingebe

Seit zweieinhalb Jahren erzähle ich einem Zeichner Geschichten aus meinem Leben, einem Freund meines Vaters, und der macht dann Comics draus.
Gerade ist ein neuer Band erschienen, und den hab ich dann gelesen
ESTHERS TAGEBÜCHER

Ich gebe zu, ich lese „Esthers Tagebücher" nie in der Zeitung, wo der Comic erscheint. Ich vergesse das immer, obwohl mein Vater die Zeitung bekommt. Ich lese das nur als Buch.

Und das halte ich von dem neuen Buch:

Es zeigt mein Leben sehr realistisch (Geschmäcker, neue Frisuren, Freundes- und Liebesbeziehungen von uns jungen Leuten)

Ansonsten...

Ansonsten, um's mal ehrlich zu sagen, achte ich in der Schule nicht so sehr auf meine Ausdrucksweise (ich lass mich gehen). Soll heißen, ich verwende in Wirklichkeit viel mehr schlimme Wörter und Ausdrücke als im Comic.

Zum Beispiel Bild 1, Seite 21, da steht es im Buch so:

Die Schule von meinem Bruder Antoine ist kostenlos (aber sehr gewalttätig). Zum Glück bleibt mir das erspart.
Hier versuchen Cassandre und ich, in der Pause Eugénie aus dem Weg zu gehen
Komm, wir tun, als hätten wir sie nicht gesehen
Genau

Aber in Wirklichkeit wäre das eher:

Die Schule von meinem Bruder Antoine ist kostenlos (aber sehr gewalttätig). Zum Glück bleibt mir das erspart.
Hier versuchen Cassandre und ich, in der Pause Eugénie aus dem Weg zu gehen
Komm, die geht einem nur auf den Sack
Genau

Oder Bild 2, Seite 15:

Wir sollten eins von unseren alten Spielzeugen mitbringen, um es einem Kind in Armut zu schenken.
Ich hab meinen Cicciobello mitgebracht...
Ach? Wolltest du den nicht behalten?
Das ist eine Babypuppe, die spricht, wenn man Batterien reintut
Pfff ist doch Babykram!

Und in Wirklichkeit:

Wir sollten eins von unseren alten Spielzeugen mitbringen, um es einem Kind in Armut zu schenken.
Ich hab meinen Cicciobello mitgebracht...
Ach? Wolltest du den nicht behalten?
Das ist eine Babypuppe, die spricht, wenn man Batterien reintut
Nö, geht mir bloß noch auf den Sack!

Wirklich, alle sagen das: „Geht mir auf den Sack." Das heißt: „Davon will ich nichts wissen."

Man kann auch sagen: „Geht auf die Nüsse"

Das sage ich oft.

„MANN, VOLL AUF DIE NÜSSE"

Der Sack, das... na ja, das hat mit dem Geschlecht der Jungs zu tun, so Textikel oder so.

Jungs könnte man auch in echt auf die Textikel gehen!

Daher kommt der Spruch.

Ich gebe zu, ich lese „Esthers Tagebücher" nie in der Zeitung, wo der Comic erscheint. Ich vergesse das immer, obwohl mein Vater die Zeitung bekommt. Ich lese das nur als Buch.

Und das halte ich von dem neuen Buch:

Es zeigt mein Leben sehr realistisch (Geschmäcker, neue Frisuren, Freundes- und Liebesbeziehungen von uns jungen Leuten)

Ansonsten... Geht mir nicht auf den Sack damit!

(Nach einer wahren Geschichte von Esther A., 12 Jahre alt)

Riad Sattouf

Die Religionen

Ich will ja keinen schockieren, aber nein: Ich glaube immer noch nicht an Gott oder an Religionen oder magischen Kram und so was, tut mir leid.

Das bin ich, wie ich über all das lache
Haha, „Gott"! Nein also wirklich...

Das Thema interessiert mich einfach nicht („Musik", „Mode" und „Lebensgefühl" sind mir lieber), aber ich muss zugeben, in meiner Schule haben's alle damit: „Es gibt einen Gott".

Diese Religionen kenne ich:
1- Die Estherier. Eine Religion, deren Göttin ich bin...
Kleiner Scherz...

1- Die Christen. Ihr Gott heißt, na ja, „Gott" eben, und ihr ganzes Leben dreht sich nur darum, kommt mir so vor.

Ich, wenn ich Christin wäre

Ich liebe das Jesulein sehr!

Eugénie, meine Sandkastenfreundin, hat sich so angezogen

In dieser Religion kann man sich allerlei Unheil einhandeln, wenn man Jesus missfällt (das ist der Prophet der Christen), weil er „für uns" gestorben ist, aber mehr weiß ich auch nicht.

Bei den Christen, da betet man so, mit einem Holzkreuz um den Hals

Vergebung, oh Herr

Ja, so sehen die aus

2- Die Juden. Ihr Gott ist Jahwe und ich weiß nur, dass sie eine Menge Feste haben (fröhlich) und dass sie sich schwarz anziehen mit großen Hüten, und vor den Ohren haben sie Haare baumeln.

Ich, wenn ich Jüdin wäre
Jaaah, lasst uns feiern!
Das hab ich in einem alten Film gesehen, „Rabbi Jacob" oder so

Das passiert mir oft, dass Leute denken, ich sei Jüdin, weil Esther anscheinend ein jüdischer Vorname ist.

Esther! Biste Jüdin?
KLAR!
Ah cool
Stimmt GAR NICHT!
HAHA
Zum Brüllen komisch, tut mir leid

3- Die Muslime. Ihr Gott ist Allah, mehr weiß ich nicht. Die Terroristen sind oft hauptsächlich Muslime, aber das heißt nicht, dass alle TERRORISTEN Muslime sind.

Ich, wenn ich Muslima wäre
Ja, man muss die Haare unter einem Tuch verstecken, das ist Gesetz. Hab ich im Fernsehen gesehen, glaube ich, und im Kaufhaus sehe ich auch immer solche Mädchen

'Tschuldigung, ich wollte sagen: „Das heißt nicht, dass alle MUSLIME Terroristen sind" (ein dummer Fehler, weil ich keine Ahnung davon habe, pardon, es tut mir leid, wenn ich jemanden schockiert habe).

Verzeihung, ich bin doch noch ein Kind

4- Die Buddhisten. Wie ihr Gott heißt, weiß ich nicht, und auch nicht, was sie machen, außer, dass sie sich in roten Stoff kleiden und viel meditieren.

Ich, wenn ich Buddhistin wäre
So muss man dabei die Finger halten

Meditieren, das heißt, man muss ruhig bleiben wie ein Bild und den gegenwärtigen Augenblick „stressfrei" leben.

Hört sich nach mir an! Ich muss wohl eine geborene Buddhistin sein!
(LOL)

Das war's. Das sind die Religionen, die ich kenne. Und ich finde das komisch, dass sie sich bekämpfen, wo sie doch alle denselben Gott haben. Stimmt doch, es gibt nur einen Gott!

Schon komisch, dass ich das sage, wo ich doch gar nicht dran glaube...
Und ich bin müde...

Aber jedem seinen Gott, macht einfach weiter, so als hätte ich nichts gesagt. Lassen wir das...

Ach ja, ich guck mir einfach die Zoosendung im dritten Programm an.
So gar nicht am Thema „Religionen" interessiertes Mädchen (lach)

(Nach einer wahren Geschichte von Esther A., 12 Jahre alt)

Riad Sattouf

Die Kandidaten

Diese Woche habe ich einen gewaltigen Schock bekommen.
Hier höre ich meinem Vater zu und denk mir: „Was er halt so redet…", als plötzlich…
Wenn Marine Le Pen gewinnt, wandern wir nach Belgien aus!
Beim Leben meiner Mutter, das hat er gesagt („Beim Leben meiner Mutter" heißt: „Ich schwör's", das ist Straßensprache)!

Bald gibt es nämlich Wahlen, um einen neuen Präsidenten auszusuchen (ich habe ein bisschen gesurft, ich darf doch kein Fernsehen schauen).
Der Präsident im Moment, das ist François Hollande
Ganz nett, glaube ich

Also interessiere ich mich jetzt für Politik, weil ich NIEMALS woanders leben will als in Paris.
Jetzt mal alles, was ich über die Kandidaten weiß
Und was ich von ihrem Äußeren halte.
Weil das nämlich wichtig ist.

1- FRANÇOIS FILLON
Sieht echt gut aus für sein Alter (ist alt)
Aber er ist rechts (mag keine Armen, sondern lieber die Reichen).
Könnte ins Gefängnis kommen, weil er seiner Frau viel Geld gegeben hat. Das war aber verboten (keine Ahnung, wieso).
Chancen, Präsident zu werden: null
2- MANUEL VALLS
Nicht schlecht, aber zu hager
Auch rechts, glaube ich
Mehr weiß ich nicht
Soll gute Chancen haben, Präsident zu werden
3- ALAIN JUPPÉ
Wenn er Haare hätte, dann ging's ja
Hasst Fillon (alte Geschichten oder so was)
Ist auch rechts
Chancen, Präsident zu werden: ein bisschen

4- MACRON (Vornamen hab ich vergessen)
Hab ich nie gesehen, kann also nichts sagen
Ich weiß bloß, dass er's auch versucht
Rechts (ja, noch einer) LOL
Chancen, gewählt zu werden: Ich wüsste nicht, wie. Den kennt doch keiner…!

5- POISSON (Vornamen hab ich auch vergessen, aber lustiger Name: Fisch)
Anscheinend würde er ein Diktator (aber ich bin nicht ganz sicher)
„Fisch for President" (J4F)
Chancen, Präsident zu werden: völlig unmöglich

6- BENOÎT HAMON
Vom Aussehen: nicht mein Fall…
ABER
Ich würde ihn wählen, wenn ich dürfte, weil er gesagt hat, dass er allen monatlich Geld gibt, wenn er gewählt wird, einfach so, weil's Freude macht, und das gefällt mir
Links

7- MARINE LE PEN
Zu ihrem Äußeren möchte ich nichts sagen, aber ich setze sie ans Ende, das sagt doch alles
Ich weiß nicht, ob sie links oder rechts ist, nur dass sie schlimm ist, denn sie macht meinem Vater Angst
Sie mag niemanden außer Trump (Trump mögen? Der ist doch VÖLLIG PLEMPLEM)
Ihr droht auch Gefängnis, wie Fillon (aber ich weiß nicht mehr, wieso. Zu grausam vielleicht? Kleiner Scherz!)
Chancen, Präsidentin zu werden: ANSCHEINEND GEWALTIG!

Ich hab nichts gegen Belgien (ich weiß nicht, wo das ist), ich will da nur einfach nicht hin (kommt überhaupt nicht in die Tüte).
Und deshalb bete ich jetzt jeden Abend
„Lieber Gott, bitte mach, dass Marine Le Pen nicht gewählt wird. Und bei meiner Mutter, ich glaube an dich, danke, lieber Gott."

(Nach einer wahren Geschichte von Esther A., 12 Jahre alt)

Riad Sattouf

Ich, die Präsidentin

Ich stelle mir zu gern vor, ich wäre jemand anders. Ich sag euch, was ich tun würde, wenn ich Präsidentin von Frankreich wäre (lustig)!

MIT ESTHER WIRD FRANKREICH NIE SCHWEIGEN!
Das bin ich am Wahltag, Kleidermotto: „Weiblichkeit und Dynamik"

1. Ich würde grundsätzlich nur mit Mädchen arbeiten. Mädchen sind viel intelligenter als Jungs (ja, das meine ich).

Ich wähle sie nach ihrer Intelligenz aus, nicht nach dem Äußeren

2. Ich würde den Kampf gegen die Attentate verschärfen. Ständig gibt's welche, und man kriegt solche Angst.

Es heißt, die Leute, die Attentate machen können, die sind alle bekannt.
SO, DU DRECKSKERL!
He, ich hab kein Attentat gemacht!
ACH JA? ABER WOLLTEST'S JA VIELLEICHT GLEICH, WER WEISS?
Ich würde sie vorher verhaften (logisch)

3. Ich würde Sonderangebotszeiten einführen, um die richtig teuren Sachen billiger zu machen.

Ich erkläre die Zeit der iPhone 7 zu 2,- Euro für eröffnet!
BRAVO!
HURRAA!
HOCH DIE PRÄSIDENTIN!
Bitte sehr!

4. Ich würde Beleidigungen und Schikanen von Jungs verbieten. Alle Probleme dieser Welt kommen von den Jungs.

HE, MISTKERL! SIE HABEN ZUM HUNDERTTAUSENDSTEN MAL EIN MÄDCHEN ALS „ALTE SCHLAMPE" BESCHIMPFT! GEFÄNGNIS!
NOCH DAZU DIE PRÄSIDENTIN!
?
POLIZEI

5. Ich würde den Kindern mehr Ferien geben.

Hallo, Esther, ich bin's, Angela Merkel, ich...
Äääh... versuch's doch Montag noch mal, ich mach grad Pause
Und mir selber auch 'ne Menge (LOL)

6. Ich würde den Lohn von allen Leuten erhöhen, die zu wenig Geld verdienen.

Mein Gehalt ist von 2.000 auf... auf... 16.500 Euro gestiegen...
Aber gern, Paps!
Danke, Schatz
Wie
Wunderbar
Ich bin doch die Präsidentin

7. Ausländer, Schwarze, Araber, jeder darf nach Frankreich kommen, wie er möchte. Außer Jungs, da wird ausgewählt. (Regel Nummer eins: Nur wer nicht auffällig wird, der darf kommen.)

Liebe Landsleute. Ob weiß, schwarz, arabisch, chinesisch oder sonst was, Jungs bleiben JUNGS, und es ist meine Pflicht, uns vor ihnen zu schützen.

8. Wenn Trump was von mir wollte, würde ich nicht mit ihm reden, denke ich (er ist schrecklich und arbeitet noch dazu nur mit Männern). Er hasst Frauen (er soll mentale Perversionsprobleme haben).

Frau Präsidentin... Präsident Trump besteht...
Sagen Sie ihm, er geht mir auf den Sack, und hängen Sie ein.

9. Ich würde den Elysée-Palast abreißen und ein hundertmal schöneres Haus bauen (nicht so „schlossmäßig").

Ökologischer und so
Einen „begrünten" Bau, in Terrassen

10. Ich würde die Kanalisation verbessern, damit es weniger Überschwemmungen gibt.

Ich weiß nicht, wieso, aber ich halte das für eine wichtige Maßnahme

DIE ALLERWICHTIGSTE MASSNAHME: Ich werde versuchen, eine „lustige" Präsidentin zu sein, damit die Leute mich mögen (Menschen lachen normalerweise gern).

... und da habe ich zu Putin gesagt: „Oh ja, Muskeln hast du, und Atombomben auch... Aber du bist KAHL! Und das, DAS GEHT GAR NICHT!"
PRÄSIDENTIN
HAHAHAHAHAHA

(Nach einer wahren Geschichte von Esther A., 12 Jahre alt)

Riad Sattouf

Zumba

Als ich jung war, da habe ich viel getanzt. Ich hab Musical-Kurse belegt, ich habe das echt geliebt (offenbar war ich sehr begabt) und davon geträumt, irgendwann davon zu leben.

Da denke ich mir gerade: „Aber ich hab doch keine Zeit mehr dafür, ich bin jetzt in der Fünften“ …

Also bin ich neulich mit meiner Mutter zu ihrem Zumba-Kurs (sprich „ZUMM-BAH“), ich wollte etwas Ablenkung, einfach mal den Alltag vergessen (Schule, Gemeinheiten, langweiliges Leben).

Das war schön, mal was mit meiner Mum zu machen
(Das heißt „Mutter“)
Sie achtet wieder auf sich, das ist gut

Wir kamen in einen Raum voller Mädchen jeden Alters und Übergewichts (außer mir und der Leiterin) und los ging's.

TUMM TUMM TUMM TUMM TUMM TU
Außer mir, der Leiterin und meiner Mutter, 'tschuldigung

TUMM TUMM TUMM TUMM TUMM TUMM TUMM TUMM TUMM TUMM TUMM TUMM TUMM TUMM
ZUMBA, ALLE TANZEN ZUMBA, CALIENTE-MUSIK, BESSER ALS DIE RUMBA, ALLES VOLL ENTSPANNT. SCHWING DIE HÜFTEN,
DIE ARME IN DIE LUFT, HEISSER CALIENTE-SOUND, ALS ZUMBA AUCH BEKANNT ZUMM-BA
4×
4×
2×
2×
2×

Das war so toll, meine Begeisterung war gleich wieder da, als hätte ich nie aufgehört

Beim Tanzen habe ich meine Mutter beobachtet, und sie hat es so super gemacht, das hat mich total gefreut.

ZUMM-BAH HE! ZUMMBAH HA

Und plötzlich habe ich in der Menge etwas Unglaubliches gesehen.

ZUMM-BA, HEISSER CALIENTE-SOUND

EINEN MAUS-MANN MIT AFFENKÖRPER ODER SO WAS

Beim Leben meiner Mutter, so sah der aus
1-A Mäusekopf
Weibisch
Behaart wie ein Affe

Er hat alles mitgemacht, aber ich konnt's meiner Mutter nicht zeigen, weil wir mitten im Tanz waren!!!

KOMM ZU MIR, SO NAH DU KANNST, ENG ZUSAMMEN WIRD GETANZT

Danach gab's voll das Gedränge, ich hab ihn noch gesucht, aber er war einfach verschwunden!

MAMA! Hast du den Kerl mit dem Mäusekopf gesehen?!?
? Was?

TRAUM ODER WIRKLICHKEIT?

WAS WAR DENN DAS, KRASS?!

(Nach einer wahren Geschichte von Esther A., 12 Jahre alt)

Riad Sattouf

Die Zukunft

Ich denke oft über die Zukunft nach und so. Die Zukunft, das ist das, was noch nicht passiert ist, aber vielleicht einmal passieren wird. Es gibt Filme über die Zukunft, aber die finde ich immer ganz furchtbar (düster, nicht positiv und so, erschreckend). Ich verstehe nicht, warum man denken kann, dass alles immer schlechter wird, wo das doch gar nicht sicher ist. Warum sollte man sich die Zukunft nicht einfach mal „fröhlich" ausmalen? Los geht's! Stellen wir uns eine Stadt im Jahr 2100 vor, wenn ich 95 bin (Warum auch nicht?)

Im Jahr 2100, da wird es so sein
Wald-Häuser, damit überall mehr Natur ist
Terrassen auf allen Häusern sind Vorschrift (es ist nett, alles mal von oben zu sehen)
Wohnungen (die jeder sich leisten kann)
Von den Wald-Häusern angelockter Papageienschwarm
Manche Leute können fliegen, aber Vorsicht bei Höhenangst
Einkaufszentrum mit Blick auf die Stadt
Überall Arkaden (Ja, ich liebe Arkaden einfach)
Mein perfekter Freund, den ich mir nach meinen Vorlieben habe anfertigen lassen, denn... Es wird ein Roboter sein (anscheinend gibt's das bald, hab ich im Fernsehen gesehen)!!!
Superstark, fürsorglich, mit Internetzugang, liest einem die SMS vor!
Nachricht von Papa: „Schatz, wie geht's?"
Gras, kein ekliger Asphalt
Alle Frauen werden Roboterfreunde haben, die Jungs verschwinden nach und nach (eine richtig gute Nachricht).
Ich sehe aus wie 25, denn niemand altert mehr, der Wissenschaft sei Dank! Lustig, oder?
Frei laufende Kaninchen, mitten in der Stadt!
Süß, oder?
Blond, auf ewig liebevoll (weil wir ihn uns so programmiert haben!)
In „Mit 95 frisch und munter"-Laune! Was für ein Leben!

Ich möchte wirklich gern Verlegerin werden, denn ich kriege ständig zu hören, dass ich eine solch blühende Fantasie hätte und ich mir ganze Universen ausdenken könnte und so... Mal ehrlich, was meint ihr?

(Nach einer wahren Geschichte von Esther A., 12 Jahre alt)

Riad Sattouf

Die Diktatoren

Politik hat mich früher nie interessiert. Aber jetzt ist das anders und ich verfolge, was da passiert.

Das bin ich mit meinen Eltern, wir schauen uns im Fernsehen eine Debatte von all denen an, die Präsident werden wollen

Mein Vater hat mir gesagt, wenn Marine Le Pen gewinnt, ziehen wir nach Belgien (ja, ganz im Ernst), und weil ich da so gar keine Lust drauf habe, versuche ich herauszukriegen, wie man sie bekämpfen kann (ich wusste gar nicht, wer das ist, echt).

Tja, das ist eine Frau

Dann hat sie mich ein wenig überrascht (ich hatte sie nie sprechen sehen). Eigentlich fand ich sie ganz nett (tut mir leid, wenn ich jemanden schockiert haben sollte).

Bestimmt hat sie sich nur verstellt
Weil mein Vater mir gesagt hat, sie will die Diktatorin von Frankreich werden
Manchmal lächelt sie

Man konnte spüren, dass sie zu gern Diktatorin wäre (das heißt, alles bestimmen und über die Untertanen herrschen).

Sie hat alles nur schlechtgeredet und war mit niemandem einverstanden (so à la „Ich weiß alles besser als ihr")

Ich hatte gedacht, Diktatoren gibt es gar nicht mehr, aber da lag ich wohl falsch. Trump gibt sich schon mal viel Mühe, einer zu sein.

Aber er ist scheinbar so blöd, dass er es nicht schafft, weil die Amerikaner ihn nicht lassen
Also geht er ständig Golf spielen

Dann gibt es noch Putin, den Russen (er mag Trump und Marine Le Pen). Er kriegt das ganz gut hin mit dem Diktator (anders als Trump).

Er gibt Befehle, und keiner traut sich, nicht zu gehorchen, aus Angst, sofort zu sterben

Ich habe ein Foto von ihm auf einem Bären gesehen. Er fürchtet sich vor nichts, das muss man ihm lassen.

Das ist ein echtes Foto, man muss „Putin und Bär" bei Google eingeben
Er reitet auf einem Bären!

In der Türkei gibt es auch noch einen, er heißt „El Dromadan" oder irgendwie ('tschuldigung, das ist wohl nicht der richtige Name).

Ich weiß nichts über ihn
Und ich will's auch gar nicht wissen, ich geb's zu (lach)

Er spricht schlecht von uns, er hasst uns, keine Ahnung, warum.

Frau Präsidentin, Präsident „El Dromadan" hat schon wieder Frankreich beleidigt, was tun wir da?
Schicken Sie ihm ein Foto von einer unserer Atombomben, mit der Nachricht:
„EL DROMADAN, SCHLUSS JETZT, ABER SOFORT!"

Also ich könnte keine Diktatorin sein. Ich wäre gar nicht imstande, Leute dazu zu zwingen, irgendetwas zu machen.

Ich habe beschlossen, dass wir Geld von den Reichen nehmen, um es an Bedürftige zu verteilen.

Frau Präsidentin, ich bin der Präsident des V.S.R.L.*, und mein Verband und ich lehnen es strikt ab, Geld an irgendwelche Armen zu geben. Es ist unser Geld, und wir gedenken, es zu behalten.
* VERBAND SEHR REICHER LEUTE

Oh! Ich verstehe!
Aber was halten Sie davon: Tauschen Sie einen Tag lang Ihr Leben mit dem eines Armen. Damit Sie mal selbst erleben, wie das ist, kein Geld zu haben. Und dann sehen wir weiter. Was meinen Sie?
Hm? Daran hab ich nie gedacht!
Gut! Probieren wir's!

ZWINGEN? NEIN! MA-NI-PU-LIE-REN! (LOL)

(Nach einer wahren Geschichte von Esther A., 12 Jahre alt)

Riad Sattouf

Die Jungs und die Mädchen

Was soll ich euch sagen? Na ja, ich würde mal sagen, dass die Jungs den Mädchen überlegen sind, ja.

Hier bürste ich mir morgens die Haare, um in der Schule vorzeigbar auszusehen

Um mal damit anzufangen: Die Jungs entscheiden, welches Mädchen hübsch ist und welches hässlich.

So ist das Leben, find dich damit ab und such dir deinen Platz

Die Jungs kommentieren untereinander die Mädchen (wie sie aussehen, ihre Eleganz, ihren Coolness-Faktor usw.), und die „Auserwählten" sind dann die Angesagten.

Ich sag's euch gleich...
... ich gehöre zu den Angesagten.

Die Jungs machen auch unter sich aus, welche von ihnen die Angesagtesten werden. Wenn sie dann „ausgewählt" sind, werden sie so was wie Chefs, und die Mädchen fangen an, sie anzuhimmeln.

Sie sind groß und reif (das heißt, „erwachsen für ihr Alter")
Keiner von denen ist klein, wirklich

Das ist nicht ungerecht, das ist einfach so, so ist das Leben. Jungs sind stärker, deshalb sagen sie, wo's langgeht.

Ich bin zwar stärker als mein Bruder, obwohl der ein Junge ist...
Hau ab oder du bist tot!
Ja, ja, schon gut...
... aber das ist eine Ausnahme, glaube ich

Mädchen, die gegen die Männer kämpfen, die heißen „Feministinnen". Schön und gut, aber sie übertreiben es ein bisschen, weil, bei „uns", da geht's, da haben die Mädchen jede Menge Freiheiten.

Ja, manchmal gehe ich in meinem Viertel ALLEIN spazieren, so angezogen, und mir passiert gar nichts.

Wenn ihr mich fragt, müsste man rüpelhaftes Benehmen von Jungs verbieten, um die Lage der Frauen in Frankreich zu verbessern.

SCHMATZ KSSSSS
'Ne Hure, krass?
Sagt nicht, das überrascht euch!
... juckt mich aber gar nicht (ist mir egal)
Das ist rüpelhaftes Benehmen...

Mein Vater hat eine homosexuelle Cousine (ich liebe sie), aber sie fängt immer von Feminismus an, wenn ich einen Rock trage. Sie macht Bemerkungen, als wäre das ein Problem, oder so, was weiß ich.

Der Rock bedeutet Unterwerfung unter die Männer... Zum Beispiel kannst du im Rock nicht auf Bäume klettern, mit 'ner Hose schon.
Na klar kann man auf Bäume klettern... Musst ihn ja nur anheben...

Aber hier in Frankreich ist es ganz in Ordnung für die Frauen. Da gibt es für sie viel schlimmere Orte auf der Welt, so wie Arabien oder so (da kann ein Mann zehn Frauen gleichzeitig heiraten!).

Ich habe eine Reportage gesehen, da sah man den Mann im Ferrari vorne, und dahinter zehn Geländewagen (seine Frauen)

In Frankreich gibt es schon noch Ungleichheiten zwischen Männern und Frauen, klar. Zum Beispiel gab es noch nie eine Präsidentin...

Und es gibt keine „Putzmänner"
Ich lass Sie mein Büro machen, aber bringen Sie die Akten nicht durcheinander!
Sehr wohl, Frau Präsidentin!

Ich find's auch völlig in Ordnung, dass ein Mann jede Menge Frauen heiratet, das stört mich nicht. Tut mir leid, wenn ich euch schockiere, aber ich darf denken, was ich will!

Ich wäre gern eine der vielen Frauen von Ryan Gosling (ein Schauspieler)
Der ist so schön, dass man ihn sich teilen müsste (lach)

Dabei muss dann aber auch Gleichheit herrschen: Ein Mädchen muss jede Menge Jungs heiraten können!

Ich, die Präsidentin, und meine Männer! LOL!
Black M
Kendji
Gims
Daniel Balavoine (er: ♡)

(Nach einer wahren Geschichte von Esther A., 12 Jahre alt)

Riad Sattouf

Die uralte Rasse

Ich habe einen Bruder, der etwas „speziell" ist und Antoine heißt, ihr erinnert euch?

Pssst, Esther! Kennst du die Reptiloiden?
Das sind wir, in dem Zimmer, das wir uns teilen
Die Schlangen und so was? Ja, kenne ich und ich hasse sie.

Früher auf der Schule, da war er einer von den Rüpeln und wollte Rap machen, aber seit er den Abschluss hat, ist er „normaler" geworden, sozusagen.

Nicht die Reptilien! Die Reptiloiden!
Das ist eine geheimnisvolle Rasse, die anscheinend die Welt beherrscht.
Haha Na klar...
Hier, YouTube.

Erst habe ich gelacht. Dann hat er mir Videos auf YouTube gezeigt, und ehrlich gesagt, ich hab mir fast ins Hemd gemacht (das heißt „Angst gehabt" in Straßensprache), auch wenn man sieht, dass das irgendwie nicht echt ist.

?
Check die Beweise...

Die Reptiloiden sollen eine Art intelligenter Wesen sein, die von den Dinos abstammen und unter der Erde leben. Aus irgendwelchen geheimnisvollen Gründen üben sie die Kontrolle über die Menschheit aus.

Wir, die Menschen, stammen vom Affen ab

Die Reptiloiden stammen von den Dinosauriern ab

Sie sind keine Außerirdischen, sie stammen von der Erde! Das ist es, was echt Angst macht, finde ich. Einige nehmen anscheinend menschliche Gestalt an und sind wichtige Berühmtheiten, die Macht über die Gesellschaft und die Welt haben.

Die Königin von England soll eine extrem alte und mächtige Reptiloidin sein
Sie blinzelt NIE
Ein Zeichen, an dem man sie erkennt
Befremdlich, oder?

Man muss in den Videos auf ihre Augen achten, die verraten sie. Manchmal werden ihre ECHTEN Augen für den Bruchteil einer Sekunde sichtbar (echt abgefahren).

Die amerikanischen Präsidenten sollen allesamt Reptiloiden sein

Das würde SO EINIGES erklären...

Spitze Ohren, noch ein Zeichen!

Am Anfang dachte man, Barack Obama gehört nicht zu denen, ist aber wohl doch so.

Unglaublich, aber wahr: François Hollande soll auch ein Reptiloid sein. Dabei wirkt er so nett... Aber ich habe ein Video gesehen, wo seine richtigen Augen aufblitzen.

Man sieht ihn ein Spielzeug-U-Boot betrachten (seltsam)
Hah!
Reptiloiden-Augen

Mein Bruder hat mir erklärt, dass sie sich alle kennen und aus Rache die Menschen in den Untergang treiben.

Die Reptiloiden sind eine uralte Rasse, und die stirbt aus... Sie wollen den Menschen Böses, weil sie eifersüchtig sind...

Auch wenn das alles nicht stimmt, ich mag dieses mysteriöse Universum der geheimen Weltzusammenhänge. Ich würde gerne Bücher über diese Sachen lesen (deshalb träume ich davon, Verlegerin zu werden).

Nicht schlecht, diese Reptiloiden ... Hat Potenzial...

Bald sind die Wahlen, bei denen der zukünftige französische Präsident bestimmt wird. Und wenn unter den Kandidaten Reptiloiden dabei wären, welche wären das dann wohl?*

? ? ? ? ? ? ? ?

(Nach einer wahren Geschichte von Esther A., 12 Jahre alt)

Riad Sattouf

* War nur ein Scherz, ich glaube, das sind alles Menschen

Die Politik

An die Schule habe ich mich gut gewöhnt. Ich hatte weder Anpassungsprobleme noch Schwierigkeiten, mit diesen Jugendlichen aus einem anderen Milieu als dem meinen zurechtzukommen.

SCHMZ
Hier begrüße ich morgens Eva, meine beste Freundin, mit einem Küsschen

Meine Mitschüler und ich, wir interessieren uns ehrlich gesagt überhaupt nicht für Politik (eigentlich wird nur Trump immer mal wieder verspottet).

Eva schreibt das manchmal an die Tafel, bevor die Lehrer reinkommen
ZACK
TRUMP = KACKA
HAHA
Immer wieder ein Brüller

Die Schüler wissen, dass es eine Wahl gibt, aber was soll's, das Leben geht weiter.

Zu hart
DER PRÄSIDEHENT GEHT MIR AM AAARSCH VORBEI
Gröhlen die Jungs manchmal

Vor allem reden wir drüber, ob die Kandidaten gut aussehen oder nicht. Das ist nämlich wichtig: Wenn sie erst mal gewählt sind, sieht man sie überall (dann sollten sie besser schön sein).

Ganz ehrlich, Fillon, den find ich ziemlich schön.
He, sag mal, wie bist du denn drauf? Voll der Blödsinn, Alte!
Eva sagt ständig „Alte", das ist genauso wie „Alter", nur für Mädchen

Ich sag nur: Marine Le Pen, die ist wirklich cool.

Steh ich drauf.

So isses, Alte.

Das hat mich total schockiert, weil ich Marine Le Pen nämlich nicht mag (ihr wisst, warum: Wenn sie gewählt wird, will mein Vater, dass wir nach Belgien ziehen, ein Land weit weg, und dazu hab ich keinerlei Lust).

Aber, ääh... Du willst wirklich, dass sie Präsidentin wird, in echt?
Klar, hab die Schnauze voll von Terroristen.
Du nicht?

Sie hat mir erklärt, Marine Le Pen wäre knallhart und würde Islamisten und so jagen, nach dem Motto „Gnadenlos!" und deshalb findet sie sie gut.

Aber die mag doch Trump!
Nee... Sie will die Terroristen TÖTEN. Nur das ist's, was zählt.

Dann hat sie mir eine Website gezeigt, wo die Wahlchancen der Kandidaten berechnet werden, und Le Pen hatte dermaßen viele Punkte.

Schau her, Alte, die packt's...
Dann kommt „Macron"...
Haha, den kennt doch keiner, kannste vergessen, echt.

Zugegeben, Macron kenne ich nicht, ich weiß nicht, was der vorhat... Aber weil er wohl der einzige ist, der Marine Le Pen gefährlich wird, hab ich ihn eigentlich immer gut gefunden.

Ich meine, so grundsätzlich
Weil, äußerlich ist er überhaupt nicht mein Typ
Zu brav
Ob er sie schlagen kann?

Dann hat Eva mir verraten, dass ihre Eltern total für Le Pen sind und sie wählen werden!

HAH, aber... Das musst du ihnen ausreden!!! Wenn ich in Belgien wohne, dann können wir uns doch nicht mehr sehen!

Wir schreiben uns!

SOLL DAS 'N WITZ SEIN, ALTE?!?

(Nach einer wahren Geschichte von Esther A., 12 Jahre alt)

Riad Sattouf

Die Galette

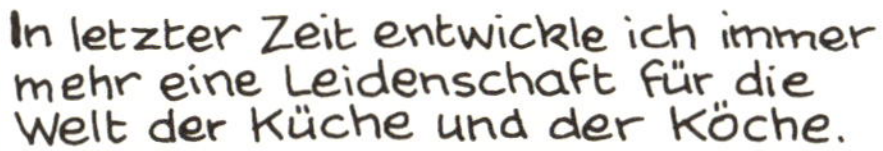
In letzter Zeit entwickle ich immer mehr eine Leidenschaft für die Welt der Küche und der Köche.

Hier bin ich in den Ferien bei meiner Oma, und wir sehen uns „Top Chef" an, eine großartige Kochsendung
Meine Eltern waren in Saint-Malo, der Stadt mit den Hunden am Strand

Ich mag die Energie und die grenzenlose Kreativität der Kandidaten und dass es ein Wettstreit ist und dass einer von ihnen gewinnt.
Eine reduzierte, karamelisierte Karotten-Crème, deren Konsistenz wir dergestalt variieren, dass wir in schöner Harmonie sowohl Sämigkeit als auch Biss erhalten
Ich mag auch ihr „profihaftes" Gerede

Zwar möchte ich eigentlich sehr gerne Verlegerin werden, aber seit dem Aufkommen dieser neuen Leidenschaft stelle ich mir Fragen und zweifle...
Oma, darf ich mit den Sachen im Kühlschrank was kochen?
Aber ja

Eine halbe angeschnittene Wurst, ein Rest Entremont-Raclette, Mini-Babybels „Caractère", Aprikosenmarmelade...

Fehlt nur noch...
He! PER-FEKT!
Eine alte Galette, beinahe übers Verfallsdatum!

Und dann hab ich einen Riesenspaß gehabt, meiner Kreativität freien Lauf zu lassen.
Ich hab den Fladen in Butter wieder zum Leben erweckt (der war trocken und bröcklig)
Der Spaß ist am wichtigsten

Dann hab ich auf die eine Hälfte die Raclette-Stücke gegeben und kleine Stückchen vom Babybel „Caractère", wegen der Ausgewogenheit
Darüber dann ein paar Scheiben Wurst, wegen der Farbe und dem heiß-kalten Gegensatz
Riecht lecker nach heißem Käse

Auf die andere Hälfte: die Marmelade, schöne große Löffel voll
Aprikosenduft, frühlingshaft

Die Idee war, Hauptgericht und Dessert gleichzeitig auf einem Fladen zu servieren (schlau, oder?)...
Sieht gut aus, mein Schatz, aber süß-sauer, das ist nichts für mich...
Ich, ganz stolz

Sollte mir recht sein! Hab ich halt alles selbst gegessen, und es war köstlich (Wurst-Aprikose, eine wunderbare Verbindung, finde ich, solltet ihr mal probieren)!
Der salzige Schmelz des zerlaufenen Käses
Und die spielerische Süße des Zuckers

Da kam mir mit einem Mal eine Frage:
Für wen wirst du stimmen, Oma?
Tja, ich hätte Le Pen genommen, aber wenn dein Vater dann nach Belgien ziehen will... Jetzt weiß ich nicht!
Der Schock!

(Nach einer wahren Geschichte von Esther A., 12 Jahre alt)

Riad Sattouf

Die Illuminaten

Als ich herausgefunden habe, dass meine Oma bei den Wahlen für Marine Le Pen hatte stimmen wollen, da war ich wirklich total schockiert.

Da sind wir, und ich denke: „Ist nicht dein Ernst?"
Es kommen zu viele Fremde und keiner tut etwas.
Ich war genervt (aber hallo!)

Meine Großmutter wohnt in Bain-de-Bretagne, in der Bretagne. Sie hat mir erzählt, dass sie mal von Arabern ohne Grund angespuckt worden ist, als sie uns in Paris besucht hat, und seitdem fürchtet sie sich vor ihnen und will, dass sie fortgehen.

Aber Oma! Das ist doch kein Araber-Ding, Mädchen zu bespucken! Das ist ein Jungs-Ding!
Alle Jungs spucken die Mädchen an!
Ist einfach so!

Aber zum Glück hat mein Vater mit „Belgien" gedroht, und meine Oma hat sich's noch mal überlegt (schön, wenn man seine Meinung ändern kann).

Dann wähle ich halt Mélenchon, wie dein Vater...

Dann sind meine Eltern und Brüder vom Ausflug zurückgekommen, und es ging um Politik und wer Marine Le Pens Gegner sein würde (sie schafft's wohl so oder so in die nächste Runde).

Mélenchon schafft's in die zweite Runde, ganz sicher...
HAHA, Quatsch...

Mélenchon will das Geld von den Reichen nehmen und es Bedürftigen geben (ist auch ganz richtig so, kein Wunder, dass er ihn mag. Das ist nämlich ein guter Mensch, mein Vater).

Du glaubst wohl ernsthaft, dein kleiner Hamon kommt durch!
Wirst dich noch umschauen!

Hamon ist ein supernetter Kandidat, der will allen Geld geben (nicht nur den Bedürftigen). Der gefällt mir auch, muss ich sagen.

Ich hab die Nase voll von der Linken, ich sag's, wie's ist!
Danke, sehr interessant.

An eurer Stelle würd ich Macron wählen, der ist nämlich Illuminat, volles Rohr!

Und die Illuminaten gewinnen immer.

Dann hat Antoine erklärt, dass Macron bei „Roy Child" oder so gearbeitet hat, eine Geheimbank, die die Welt kontrolliert, und dass das die Bank der Illuminaten ist, eine mysteriöse Sekte, deren Symbol eine total irre Pyramide mit einem Auge oben drüber ist, und die ist auf dem Dollar!

Die Zeichnung kann einem Angst machen, lauter Geheimnisse
Schrift auf Italienisch
ANNUIT COEPTIS
MDCCDXXVI
NOVUS ORDO SECLORUM
Und das ist wirklich auf den Dollarscheinen drauf, schräg, oder?
Das Auge da oben = echt Gänsehaut

Mein Vater hat gelacht und gesagt, es ist ihm lieber, Antoine glaubt an so was, als dass er Drogen nimmt.

Aber Mélenchon und Hamon haben verloren, und Macron und Le Pen waren die Finalisten, wie mein Bruder gesagt hat!!!

Er war am Wahlabend nicht überrascht
Ich wär so gern auch ein Illuminat...

... du kontrollierst die Welt und so ...
Uuuuund Emmanuel Macron macht das Rennen...
Beeindruckend, muss ich zugeben
EMMANUEL MACRON 23,7%
MARINE LE PEN 21,7%

(Nach einer wahren Geschichte von Esther A., 12 Jahre alt)

Riad Sattouf

Ed Sheeran

So, ich habe ein Stück der Debatte zwischen Macron und Le Pen im Fernsehen gesehen.

Das bin ich mit der Familie, und wir sagen uns: „Die Le Pen hat sie ja wohl nicht mehr alle“

Als sie gestikuliert hat und gesagt hat, ihre Wähler wären überall verborgen, meint die das im Ernst? Die hat mir richtig leidgetan.

DAAAAA SIND SIE
AUF DEM LAHAAAAND
ÜÜÜBERALL
Die „böse Hexe“ kann ich wirklich gut

Diese Geschichte machen wir noch vor der Wahl, also erzähle ich lieber von einem Lied, das alle hören, ein Lied zum Wohlfühlen. Sollte also Le Pen Präsidentin sein, wenn ihr das hier lest, wird es euch etwas entspannen.

Das Lied heißt „Shape of you“
Das heißt „Deine Form“, glaube ich
Der Sänger ist Ed Sheeran (Äd Schieren spricht man das)

Das ist Ed Sheeran, er ist rothaarig
Lustiges Mondgesicht
Von Kopf bis Fuß tätowiert
Von seiner Kunst besessen
Ungeheuer berühmt

Eigentlich mag ich ja keine Rothaarigen, weil ihre IMMER GLEICHEN rotorangenen Haare zu sehen, das wird auf die Dauer langweilig, finde ich.

Mit den anderen Haarfarben geht mir das nicht so
Wenn ich rothaarig wäre, der Horror
Ungerecht, ich weiß
Tut mir leid, ihr Rothaarigen (LOL)

Das Video von dem Lied ist sehr gut gemacht, finde ich. Am Anfang sieht man Ed Sheeran, der auf dem Weg in die Sporthalle ist.

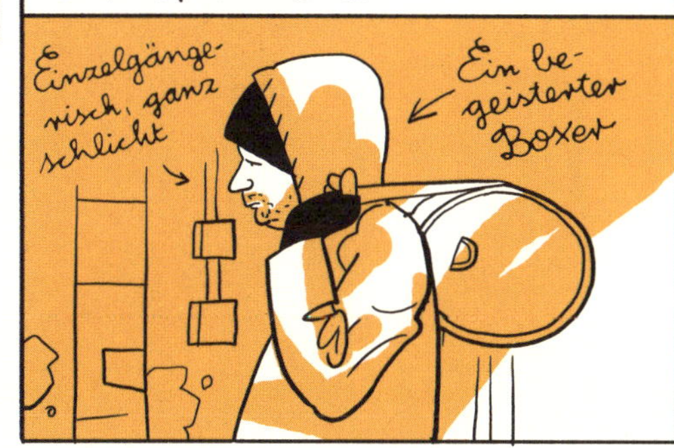
Einzelgängerisch, ganz schlicht
Ein begeisterter Boxer

Und da sieht er eine total schöne schwarze Chinesin, die einen Kampfsport oder so was trainiert. Klare Ansage: „Unabhängig“

Sie ist in dieser Haltung, und Ed Sheeran ist begeistert von ihrer Geschmeidigkeit
Ja, das kann ich auch
Danach schlägt sie auf einen Sack

Dann tut sie ihm aus Versehen weh, als sie ihre Spindtür aufmacht (ungeschickt) und sie lernen sich kennen (romantisch).

Lauter Nettigkeiten (lach)

Später gehen sie zusammen essen, und er nimmt einen riesigen Teller Hähnchen oder was, und macht so auf: „Nach dem Sport hab ich immer einen Mordskohldampf“, total lustig.

Sie werden vertrauter, und schließlich lieben sie sich durch ihre Leidenschaft: den Sport

Dann kommt eine völlig verrückte Szene, wo Ed Sheeran in einem Anzug steckt, als ob er dick wäre, und er muss mit so einem fetten Chinesen kämpfen, der Samu oder so ähnlich heißt, ich weiß nicht mehr.

Ihn erwischt's ziemlich, echt lustig
Das ist er

Und am Schluss greift die Frau den Samu an, um ihren geliebten Ed zu retten. Wir lernen: Liebe ist ein Kampf, und wir müssen Krieger sein, um zu überleben.

Haltung der Kriegerin, die den Liebsten rettet

Jedes Video von Ed Sheeran hat eine Milliarde Klicks auf YouTube (der berühmteste Mensch auf der Welt), aber als ich meinem Vater von ihm erzählt habe:

♪ I am in love with the shape ♪ of you la la
Äd Schieren? Nie gehört, wer ist das? Ist der bekannt?

Verrückt, oder? Lebt völlig hinterm Mond, mein geliebter Erzeuger („Erzeuger“, das heißt „Vater“).

(Nach einer wahren Geschichte von Esther A., 12 Jahre alt)

Riad Sattouf

Die Illuminetten

Diese Woche war ich ja so was von erleichtert! Ihr bestimmt auch, da bin ich ganz sicher!

Hier begreife ich gerade, dass wir nicht nach Belgien umziehen müssen, wie mein Vater es wollte, wenn Le Pen gewonnen hätte
JAAAAAAA!
Und es ist Emmanuel Macron, der zum neuen Präsidenten

Dann hat Macron vor einer Pyramide beim Louvre eine Rede gehalten, in „Ich bin der Boss"-Haltung.

Mein Bruder
Macron
Hoo, schräg!
Ensemble, la France!

Krass, klingelt's da nicht bei euch? Macron vor 'ner Pyramide, Hammer?!

?

?

Das Auge an der Spitze der Pyramide

HAAAH! WIE DU GESAGT HAST!!! DIE ILLUMINETTEN!

Da hat die ganze Familie laut losgelacht (ja, ich hatte „Illuminetten" statt „Illuminaten" gesagt).

HAHAHA HIHIHI
Mein Bruder war sauer, weil ihm keiner mehr zugehört hat
Wasisdenn? Hihi

Die Illuminaten sind Leute, die heimlich die Welt kontrollieren, und ihr Symbol ist eine Pyramide mit einem Auge oben drüber. Antoine hatte vor allen anderen gesagt, Macron ist einer von denen.

Nach seiner Rede vor der Pyramide haben dann alle gesagt: „He, Macron, der ist doch ein Illuminat…"
Mir hört nie einer zu, das nervt
Mein Bruder, der Visionär

Dann kam mir die Idee zu einer Reihe Jugend-Mystery-Humor-Romane, „Die Illuminetten" (könnte man auch eine Fernsehserie draus machen).

In einem Pariser Edelgymnasium verschwindet Milena, das angesagteste Mädchen der Schule.

Die junge Carla (ich liebe diesen Namen für eine Heldin), unauffällig, aber sehr schön, wird jetzt das neue beliebteste Mädchen.

Carla, kommst du zu meinem Geburtstag?
Carla!
Carla, ich liebe dich!
Das bescheidene Mädchen fühlt sich nicht wohl in seiner neuen Rolle, aber sie muss sich behaupten
Carla zieht sich so was von schick an

Am selben Abend bekommt sie einen Brief mit einer schwarzen Pyramide, in dem ihr mitgeteilt wird, als beliebtestes Mädchen der Schule ist sie nun eine Illuminette, ausgestattet mit großer Macht über andere.

GEHEIM
ILLUMINETTEN
Glückwunsch, du bist jetzt eine Illuminette, aber du schwebst auch in großer Lebensgefahr…

Sie findet heraus, dass in jeder Schule eine Illuminette über ihr „Volk" von unterworfenen Mädchen herrscht, und diese Illuminetten stehen in gnadenlosem Krieg mit den…

Schönes Mädchen
Zieht die Strippen
Zu ihrem Wohl
Mädchen, die ihr Bestes geben

… Illuminatos, den beliebten Jungs, die auch eine Geheimorganisation haben und die Welt beherrschen wollen!

Carla muss ermitteln und Risiken auf sich nehmen…
Carla… Sieh dich vor, geh nicht zu weit…
?!

Was haltet ihr davon? Ich möchte mal Köchin oder Verlegerin werden, ich liebe es, die Geheimnisse, die das Leben bereithält, zum Anfang einer Geschichte zu machen…

Wenn jemand weiterschreiben will, meine Idee gibt's für eine Milliarde Euro, danke!
Ein Spaß

(Nach einer wahren Geschichte von Esther A., 12 Jahre alt)

Riad Sattouf

Die Rebellion

Ich habe noch nicht viele Dummheiten gemacht (oder „Mist gebaut") in meinem Leben. Ich bin zwar häufig in Versuchung, aber ich trau mich nicht. Ich hab halt oft „Angst", ich geb's ja zu.

Hier bin ich im Bus und habe meinen Fahrschein nicht entwertet (aber ich bleibe in der Nähe des Geräts, damit ich schnell entwerten kann, wenn ein Kontrolleur kommt)

In der Vorschule hab ich die Lehrerin immer um die Erlaubnis gefragt, auf Toilette zu gehen. Sagte sie „ja", ging ich eine Etage tiefer und schnurstracks an den Toiletten vorbei. Ich hatte solche Angst.

Aber ich musste es einfach tun!

Jedes Mal wollte ich ein Stück weiter gehen: zum Ende des Gangs, zur Tür vom Direktor, bis auf die Straße!

HEH, DU!
Ich war erleichtert, dass er mich stoppte, bevor es zum Schlimmsten kam

Noch eine Dummheit: Einmal, in der Vierten, da bin ich zu spät gekommen, und alle waren schon im Klassenzimmer. Aber statt hineinzugehen, bin ich durch die Gänge gelaufen und habe die Schule erforscht.

Auch da konnte ich einfach nicht anders
Vollkommen bescheuert

Und auch hier wurde ich aufgehalten, bevor ich eine mysteriöse Holztür am Ende eines Flurs öffnen konnte.

Was war dahinter? Eine andere Welt?
(LOL)

Und echter „Bockmist": Aus Langeweile hab ich mal mit der Schere einen Regenschirm zerschnitten.

Daheim, nach dem Motto: „Mir doch scheißegal"

In der Fünften war ich oft verliebt, da hab ich die Wand meines Zimmers mit Liebesbotschaften „verschönert".

Was meint ihr, wie meine Mutter da gebrüllt hat
E+M=♡
E+L
E+T=♡♡
E+N=♡

Dann gibt's da noch Diebstahl. Einmal habe ich einen Schal um den Hals behalten, den ich in einem Geschäft anprobiert habe. Als wir raus sind, hat's geklingelt!

WIIIII WIIII WIIII
„Oh, pardon!"
„Hab ich vergessen"
Mit Angst kann ich gut schauspielern

Ich hatte auch mal eine Freundin, die hieß Eugénie, und die war wirklich, WIRKLICH reich. Der hab ich oft Nagellack gestohlen (sie hatte eine Unmenge an Farben, die sie nie benutzt hat).

HAH Zu gut, das Video von TAL
Ah ja?

Aber die schlimmste Dummheit, die ich je gemacht habe, das ist noch nicht lange her. Ich habe aus meinem Fenster auf eine Großmutter gespuckt.

Es hat mich überkommen
Ich hätte nie gedacht, dass ich sie treffe

Danach kamen erst mal Ängste: War ich gefilmt worden? Und wenn ich nun verhaftet würde oder so? Warum hatte ich das einer Oma angetan, die auch meine sein könnte?

Esther, wie konntest du denn nur...
Verzeih, Papa

Und dann habe ich mich bei ihr entschuldigen wollen, aber das ging ja nicht mehr. Da habe ich die ganze Nacht geweint.

Die Rebellion liegt mir nicht

(Nach einer wahren Geschichte von Esther A., 12 Jahre alt)

Riad Sattouf

Das Attentat

Auf dem Gymnasium gibt es einen Lehrer für jedes Fach (in der Grundschule hat man nur einen). Mir gefällt das, schön, mal andere Gesichter zu sehen.

Das bin ich, vor einem „Wissenschaft und Natur"-Test
Die Lehrerin (sehr alt)

Neulich haben wir so etwas wie ein Trauma erlebt, ich schwör's!

„Vielfalt, Verwandtschaft und Einheit der Lebewesen. Antworten Sie mit Ja oder Nein: 1. Ein männlicher grüner Frosch kann sich mit einem weiblichen roten Frosch paaren..."

Hm, das sollte klappen...

Jedenfalls waren wir voll konzentriert, da ist auf einmal ein ganz komischer Alarm losgegangen!

WUIIIWUIIIIWUIIIIII
?

Und die Lehrerin ist plötzlich ganz sonderbar geworden.

WUIIIWUIIIWUIIIIIII
Ich... Äh... Wartet mal..., Was denn jetzt... Ähm...

Da hat Cassiopée (die beste Schülerin der Klasse) gesagt:

Das ist keine Feuersirene, sondern ein militärischer Alarm! Das heißt, es gab ein Attentat!

Da ist die Lehrerin durchgedreht und hat angefangen zu schreien.

ALLES UNTER DIE TISCHE! ALLES UNTER DIE TISCHE! TERRORISTISCHER ANSCHLAG!

Gab das eine Panik, alle haben sich weggeduckt und so! Die Sirene hat weitergeheult...

WUIII
Ich konnte das alles gar nicht begreifen, ich dachte: „Das ist doch jetzt kein Attentat, oder? Passiert da gerade was?"

Eva, eine gute Freundin, hat's richtig umgehauen (ich kam mir vor wie in einem Traum)...

Das war's dann, Alte, das war's

Manche von den Jungs (die Feministen) haben geheult. „Feministische Jungs", das meint die, die sich selbst für schwach und empfindlich halten und mit den Mädchen rumhängen.

WUIIIIII
Ich bin zu jung zum sterben! Ich bin zu jung zum Sterben!
Ich schwör's beim Kopf meines Vaters, das hat er wirklich gesagt

Klar, die abgebrühten Jungs, die haben gelacht, so à la: „Is' mir doch scheißegal".

WUIII
Manche haben ihren Handspinner kreiseln lassen und auf cool gemacht
WUIIII
Wen juckt's? Ist bloß 'ne Übung, verdammt

Dann hab ich den Lärm der Schüler gehört, die schon auf dem Pausenhof waren, und hab gesagt:

Madame! Ich glaube, wir sollten nach draußen! Alle anderen sind auch draußen!
Die Retterin (lach)

ICH... JA! RAUS! ALLES RAUS!

(Nach einer wahren Geschichte von Esther A., 12 Jahre alt)

Riad Sattouf

Der Terroralarm

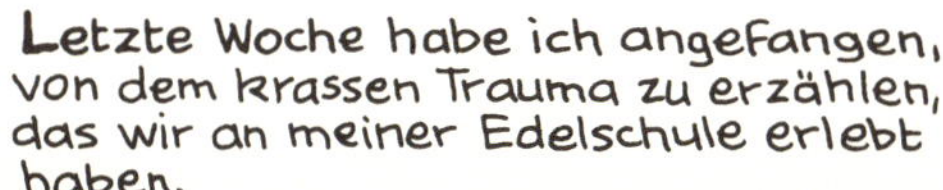
Letzte Woche habe ich angefangen, von dem krassen Trauma zu erzählen, das wir an meiner Edelschule erlebt haben.

WUI!!!
Hier verlasse ich mit meinen Mitschülern das Klassenzimmer, nachdem der Attentat-Alarm losgegangen war!
WUI!!!

Schließlich waren wir alle auf dem Schulhof. Waren das viele Leute! Praktisch die gesamte Schule war versammelt.
WUI!!!
Fast wie bei einem Konzert oder so
WUI!!!
Alle haben durcheinander geredet

Dann hat der Direktor durchs Megafon gesprochen (ein Ding zum lauter reden), und er hat gesagt:
Ruhe, bitte! Ihr macht viel zu viel Lärm. Die Terroristen hören euch doch! JETZT WÄRT IHR SCHON TOT!

Dann hat er um vier Schweigeminuten gebeten, und die Leute haben weniger geredet. Und danach hat mir Eva einen Lautsprecher im Hof gezeigt.
Stell dir mal vor, da käme jetzt eine Stimme raus, die sagt: „Liebe Schüler, die Terroristen kommen, um euch zu töten, bitte nicht weggehen."

ALS PLÖTZLICH, BEIM LEBEN MEINER MUTTER...
LIEBE SCHÜLER...
AAH!

Begebt euch ruhig zurück in eure Klassen, die Evakuierungsübung ist hiermit beendet.

Wir sind also zurück, und da hat die Lehrerin voll das Theater hingelegt, so als hätten wir vergessen, dass sie durchgedreht ist und an ein WIRKLICHES Attentat geglaubt hat, obwohl's nur eine Übung war.
So, ich muss euch nun etwas sagen, so leid es mir tut...

... im Falle eines terroristischen Anschlags gibt es kein richtiges Verhalten, ihr sterbt alle, ganz egal, was ihr tut.

HAT SIE GESAGT, IM ERNST!
Und wir so: „Äh, was hat die da gerade gesagt?"

Wenn es wirklich einen Angriff gibt, und ihr Aug in Aug mit einem Mörder steht, dann rate ich euch, nichts zu tun. Rührt euch nicht.

Jeder, der versucht hat zu fliehen oder wer um Gnade gebettelt hat, wurde ermordet.
Ausweglos.

Vielleicht tun sie einem ja nichts, wenn man sich nicht rührt und sie nur ansieht?
Hilfe, jetzt bin ich total schockiert. Wie kann man denn nur so mit Kindern reden?
Tja, weiß man's?

(Nach einer wahren Geschichte von Esther A., 12 Jahre alt)

Riad Sattouf

Der Flug

Neulich hat meine ganze Familie geschlafen, und ich bin raus auf die Straße, ohne jemandem was zu sagen, nach dem Motto: „Ich bin frei."
Hier denke ich mir gerade: Komisch, dass niemand hier draußen ist

Dann habe ich herausgefunden, dass, wenn man ein bisschen hochspringt und einen Armzug macht (wie beim Schwimmen)...
...man über dem Boden schweben bleibt

Da bin ich durch die Luft geschwommen, bis hoch hinauf zu den Dächern!
Unglaublich, dass sie einem so was in der Schule nicht beibringen!

Auf einmal habe ich in der Ferne so eine Art Kirche gesehen, aber ganz riesig!
Komisch, wusste gar nicht, dass es das in Paris gibt!
Ganz oben: ein Licht!

Ein Nacht-Restaurant! Da ruhe ich mich aus!
Restaurant

Guten Abend, mein Fräulein, bitte, wir haben Sie erwartet.
Danke, mein Bester.
Ich habe mich hingesetzt und gedacht: „Ein Restaurant oben auf 'ner Kirche, und ich wurde erwartet?!? Wie jetzt?"
Wir sind ausschließlich für Flieger zugänglich.
Ah. Schön.

Er hat mir eine riesige Tagada-Erdbeere aufgetischt (genau, mein Lieblingsbonbon)!
Ich hab's probiert, und sie war überhaupt nicht süß, sie war lauwarm, etwas salzig, aber nicht zu schlimm
Gegessen hab ich sie trotzdem LOL

Natürlich war das ein Traum, und nicht die Wirklichkeit (ich wüsste zu gern, ob jemand das am Anfang geglaubt hat. Ich find das total abgefahren!)
Am Morgen hab ich dann den Flieger-Schwimmzug probiert
Verrückt muss man sein

Man kann ja nie wissen! Und wenn es am Ende das Geheimnis ist, wie Menschen fliegen können, nur hat's keiner je probiert?

(Nach einer wahren Geschichte von Esther A., 12 Jahre alt)

Riad Sattouf

Die Verletzung

Diese Woche ist etwas ganz Dramatisches passiert, das mich erwachsener gemacht hat, ernsthaft. Ich habe verschiedene Dinge gelernt: ① dass es nicht genügt zu lieben, um geliebt zu werden, und ② dass man das Leben in der Wildnis und seine Gesetze nicht auf die leichte Schulter nehmen darf. Wie ihr wisst, habe ich einen russischen Hamster, der heißt Manuela, dem ich sehr zugetan war (wie die Zuneigung einer großen Schwester für eine kleine, irgendwie). Also, neulich wollte ich ihn aus seiner Hütte holen, um mit ihm zu schmusen (ich habe wirklich gedacht, das würde ihn freuen, würde ihn glücklich machen). Ich habe den Käfig aufgemacht, um ihn zu fassen...

Hier durchlebe ich noch einmal den Augenblick, der mich wohl mein Leben lang verfolgen wird
RHHH
DANIEL BALAV
Ja, das ist mein Blut
RHH
Unsäglicher Schmerz

(Nach einer wahren Geschichte von Esther A., 12 Jahre alt)

Riad Sattouf

Das Glück

Man spricht nicht oft genug vom Glück! Ich will von einem Ort sprechen, an dem ich sehr glücklich bin: die Mensa.

Das bin ich mit meinen Freundinnen beim Schlangestehen

Ich liebe es, nach einem ätzenden Morgen voller Unterricht meine Freundinnen zu treffen, um zu lachen und entspannt alles Mögliche zu bereden.

Wir sind in der fünften Klasse
Eva
Capucine
Léa

Geselligkeit macht mir den Kopf frei, zu merken, dass es meinen Freundinnen genauso gefällt, mit mir zusammen zu sein.

Da wird einem warm ums Herz
Wie schön (LOL)

Wir treiben den schönsten Blödsinn, um den Stress des Lebens zu vergessen...

?

... Wir schütten uns aus vor Lachen.

Aber wenn's mir zu gut geht, schau ich rüber zum Behinderten-Tisch, und stell mir vor, das könnte ich sein, dann komme ich wieder runter.

Dort lacht niemals wer

An meiner Schule werden Behinderte in die Klassen integriert, damit sie denken, ihr Leben wäre normal und so.

Aber ehrlich gesagt, niemand spricht mit ihnen: Es sind Behinderte.

Wenn Essenszeit ist, dann bringen ihre Betreuer oder Tutoren oder was auch immer sie alle an einen Tisch.

Das sind Erwachsene, die sich um sie kümmern

Was traurig ist: Einer sieht ganz normal aus, isst aber trotzdem mit ihnen. Das kommt, weil er nur „ein bisschen" behindert ist.

Dabei hat er normale Freunde, aber...

... ER IST GEZWUNGEN, MIT SEINEM VOLK ZU ESSEN. SO IST DAS.

Ich weiß nicht, was seine Behinderung ist
Nur sein Mund ist so nach vorne geschoben

Manchmal stelle ich mir vor, ein Erzieher kommt mich holen und führt mich zum Tisch der Irren, obwohl ich doch dachte, ich sei normal.

Na los. Du musst wieder zu deinesgleichen. Komm.
Ich
Der reinste Albtraum

Mein Schicksal mit dem anderer zu vergleichen, das macht mich froh.

So toll, normal zu sein und sich zu mögen, genießen wir's...

(Nach einer wahren Geschichte von Esther A., 12 Jahre alt)

Riad Sattouf

Das Geld

Als ich noch klein war, fand ich Geld ganz großartig.

Das bin ich, in der Stimmung: „Was kostet die Welt?“
HAHA! GELD!
IST MIR SO WAS VON EGAL, ECHT!
Das ist eine Witzzeichnung, im richtigen Leben werfe ich nicht mit Geld um mich

Geld ist dazu da, Sachen zu kaufen. Aber im Gegensatz zu Essen und Trinken ist es nicht überlebensnotwendig.

Zum Beispiel kommt man in der Wildnis ganz gut ohne Geld aus
Beeren sammeln
Frisches Wasser aus dem Bach

Aber weil der Mensch ein Faulpelz ist, benutzt er Geld, um sich das Leben zu erleichtern.

Flasche Quellwasser, mit Geld gekauft
GLUGG GLUGG GLUGG
Erdbeeren, im Supermarkt gekauft

Das erste eigene Geld hatte ich von der Zahnfee.

Die hat mir einen Euro für meinen Zahn unters Kissen gelegt!

Dafür habe ich mir als Allererstes ein pupsendes Gummischwein gekauft.

PFRRRT!
So hat es gemacht, wenn man gedrückt hat (zum Piepen)

Ich habe meine Eltern nie um Geld gebeten. Ich wollte ihnen nicht zusätzlich zur Last fallen. Aber eines Tages hat mein Vater gesagt:

Esther, mein Schatz! Ich werde dir jeden Monat etwas Taschengeld geben. Damit du lernst, mit Geld umzugehen.
Wie? Neiiin, das ist nicht nötig

Mein Vater hat wirklich irre darauf bestanden, also hab ich's ihm zuliebe angenommen.

Wir haben uns auf den Betrag von fünf Euro geeinigt
Jeden Monat bekomme ich jetzt mein Stück Papier mit einer Fünf drauf (LOL)

Weil ich nicht weiß, was ich damit soll, mache ich meinen Eltern Geschenke, zum Dank, dass sie sich seit meiner Geburt um mich kümmern.

Meinem lieben Vater habe ich als Glücksbringer einen Wolf-Anhänger geschenkt, das bedeutet „Familie“

Für meine Mutter das Gleiche, nur mit einem Kolibri, und das bedeutet „Glück“

Meinem kleinen Bruder hab ich nichts geschenkt (zu jung), und Antoine auch nicht.

Schließlich steht kein Tier für Bescheuertheit... (nur Spaß, er ist nicht mehr ganz so bescheuert wie früher, seit er sich für Weltverschwörungen interessiert)
Zum ersten Mal zeigt ein Video die Wahrheit über den Bohemian-Club, die unheilvollste Geheimgesellschaft aller Zeiten
Hm... Verdammt...

Die beiden Anhänger haben mich 15 Euro gekostet (ja, ihr habt richtig gelesen, drei Monate Taschengeld)!

Ich liebe meine Eltern, was will man machen, so bin ich nun einmal

Schön, aber in meiner Schule bin ich schon so etwas wie die Ausnahme, wirklich.

Fünf Euro? Du machst Witze, Alte! Wie geht denn das?
Meine Freundin Eva
Ich hab 500 im Monat, und ich komm kaum zurecht...
Ja, ihr habt richtig gelesen, wir sind in der fünften Klasse

(Nach einer wahren Geschichte von Esther A., 12 Jahre alt)

Riad Sattouf

Der Reichtum

Dieses Jahr gehe ich in die fünfte Klasse einer öffentlichen Schule (das heißt: umsonst) im Zentrum von Paris (das heißt: wo es viel Reichtum gibt, weil um hier zu wohnen, muss man reich sein).

Hier bin ich völlig schockiert, als ich höre, dass Eva 500 Euro Taschengeld im Monat hat
HAH! Lass mal sehen!
Ich bekomme 5 Euro

Sie bekommt jeden Monat so viel Taschengeld wie ich in acht Jahren.

So viel kriege ich zusammen, bis ich 20 bin!
Geht nicht, Alte, liegt auf der Bank.

Was macht sie nur mit all dem Geld? Ich wüsste noch nicht einmal, wie ich das ausgeben soll.

Mit 500 Euro könnte man 1000 „Feuerköpfe" kaufen
Das sind saure Drops
Mehr als man im ganzen Leben braucht

Es gibt Monate, da dreh ich durch und hau alles für Klamotten und Krimskrams raus...
Am 20. bin ich pleite...

Manchmal mach ich auf Banker, geb gar nix aus und hab nach drei Monaten 1.500 Euro, Hammer.
Zum Totlachen

Ich würd ihr das nie sagen, aber es schockiert mich richtig, dass Kinder so viel bekommen. Wenn ich an all die Armen auf der Welt denke, die nur Reste zu essen bekommen...

... da kommen mir fast die Tränen

Aber wenn ich erwachsen bin, möchte ich sehr reich sein und hätte gern 20.000 Euro (damit hätte man keine Sorgen, denke ich mir).

Schon 10... Aber wozu aufstehen, ich hab ja 20.000 Euro auf dem Konto...

Maître Gims oder Black M, die sind natürlich SEHR reich. Berühmtheit und Reichtum gehen Hand in Hand.

Ich sag mal, die haben, na, so jeder eine Million

Die Sängerin Adele ist anscheinend eine der reichsten Frauen der Welt, die soll Milliarden haben (ich hör sie aber nicht).

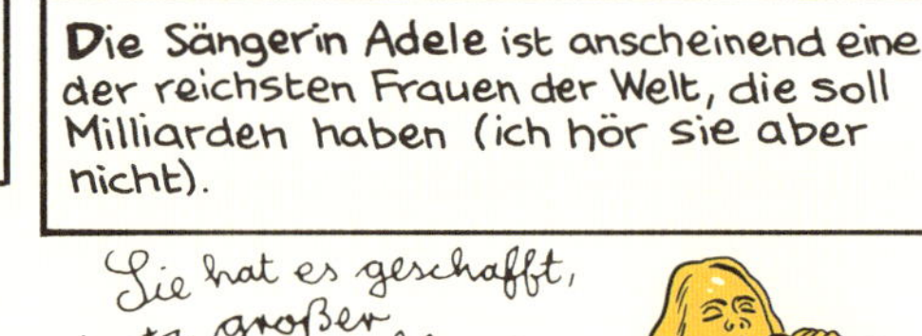

Sie hat es geschafft, trotz großer Gewichtsprobleme (Fettsucht) die Ärmste
Sie hat sich's verdient

Meine Eltern sind nicht reich, die haben so 2.000 Euro vielleicht?

Mein Vater hasst die Reichen so sehr, das ist zu lustig
DEINEN FETTEN TURBO-ALLRAD BRAUCHST DU IN PARIS GANZ DRINGEND, WAS, ARSCHLOCH!

Hängste den verbitterten Alten raus? Fändste doch toll, Kohle zu haben...
VON WEGEN
Mein Bruder, der Irre

Du bist NEIDISCH AUF DIE REICHEN, wie alle ARMEN
WAS?!
Schau nach vorn

(Nach einer wahren Geschichte von Esther A., 12 Jahre alt)

Riad Sattouf

Die Macht der Mentalanalyse

Letzte Woche hat mein Bruder Antoine zu meinem Vater gesagt, er würde „eigentlich davon träumen, reich zu sein, wie alle Armen" (ja, er hat's gewagt).
Hier sehe ich meinen Vater an, der stocksauer ist, weil er die Reichen hasst
Meine Mutter lacht
Hihi
Dazu sag ich mal lieber nichts...

Seit einiger Zeit liebt Antoine es, Debatten mit meinem Vater anzuzetteln (er denkt immer das Gegenteil von ihm).
Wenn du Millionen hättest, würdest du sie dir auch nicht von den Armen wegnehmen lassen, wie alle Reichen...
HAHA!

Nee, das passt doch alles nicht zusammen... Du jammerst, dass es Reiche gibt, aber du tust alles dafür, dass Esther auf die totale Spießerschule geht...

Wegen der Qualität des Unterrichts, nicht wegen der sozialen Klasse
PFFF...

Und wenn Esther es wegen der „Qualität des Unterrichts" schafft und stinkreich wird, was machst du dann? Sie hassen...?
Neeee...

Mein Bruder nervt, aber ich gebe zu, er hat nicht unrecht. Stimmt schon, dass mein Vater gern reich wäre (aber er kriegt's nicht hin).
... weil du hoffst, dass sie nicht nur reich wird...

Er weiß, dass sein Beruf (Trainer in einem Fitnesscenter) ihn niemals reich macht, also betäubt er mit dem Hass auf die Reichen seinen Kummer.
... du hoffst, dass sie DIR GELD GEBEN WIRD!
Dazu erziehst du sie!

Er tut mir leid, mein armer Papa. Er leidet.
Antoine, warum redest du nicht lieber über Nekfeu oder die Illuminaten?

Geringschätzung... Weil die Macht meiner Mentalanalyse dich überfordert, holla!
Hihi, bist überfooordeert

LASS IHN MAL IN RUHE, JA!

Ja, ich will TOTAL REICH WERDEN, UND ICH GEB ALLES PAPA!
Und? Was machst du dann?
Gar nichts!

Die Macht der Mentaaalanalyse!
Recht hat er!

(Nach einer wahren Geschichte von Esther A., 12 Jahre alt)

Riad Sattouf

Die Grusel-Geschichte

Neulich habe ich bei Cassandre übernachtet, einer Freundin aus der Grundschule, die ganz arm ist. Ihr Vater ist gestorben, als wir in der Dritten waren (bestimmt erinnert ihr euch noch an sie).

Hier liegen wir zusammen im Bett und erzählen uns „Gruselgeschichten" nach dem Motto: „Ich mach dir Angst"

Pass auf, das ist eine wahre Geschichte...

Als sie noch klein war, ging meine Tante eines Tages in einen Trödelladen. Und da, in einer Vitrine, sah sie...

Oh, wie schön!!! Papa! Krieg ich die Puppe?

„Das ist die Tick-Tack-Puppe, die ist nicht zu verkaufen, junge Dame", hat die Verkäuferin gesagt, die alt war wie ein Skelett.

Ließe sich das nicht machen? Hier sind 1.000 Euro.

Schließlich überredet der reiche Vater die Alte. Aber als sie gerade gehen...

... Geben Sie acht! Schließen Sie die Tick-Tack-Puppe nachts gut im Schrank ein! Sonst...
GESCHIEHT EIN UNGLÜCK!
Ja, ja! Adieu!

Wieder zu Hause spielt meine Tante mit der Puppe und räumt sie dann in einen Schrank im Keller.

Hab ich abgeschlossen? Ach, ist doch auch egal...

Sie geht ins Bett und schläft ein. Doch plötzlich, mitten in der Nacht, hört sie das hier...

TICK-TACK TICK-TACK jetzt bin ich im Schrank
?

TICK-TACK TICK-TACK jetzt bin ich heraus

TICK-TACK TICK-TACK ich bin schon im Gang

TICK-TACK TICK-TACK ich steh vor DEINER TÜR

TICK-TACK-TICK-TACK ICH BRING DICH UM

TICK-TACK-TICK
BUUUH!

Echt, ich glaube, mein Herz hat ein paar Sekunden ausgesetzt, so einen irren Schreck hab ich gekriegt.

Voll lustig!
Eigentlich unglaublich, dass ich es so liebe, Angst zu haben!

(Nach einer wahren Geschichte von Esther A., 12 Jahre alt)

Riad Sattouf

Die unwirtlichen Lebensräume

Was mich beeindruckt hat, von den Dingen, die ich dieses Jahr gelernt habe, das sind die „unwirtlichen Lebensräume".

Hier muss ich lachen, weil ihr nicht wisst, was das ist, gebt's ruhig zu

Das sind nämlich Orte, an denen Menschen unter vielen Einschränkungen leben, die das Dasein schwieriger machen als bei uns.

Das hat mich sehr bewegt, weil ich mich nämlich in die Leute dort hineinversetze
Mir wurde ganz schwummrig, wirklich

Da gibt's erst mal die **HEISSWÜSTEN**. Schrecklich hohe Temperaturen, kein Wasser, keine Krankenhäuser, kaum Städte, ein Leben in Camps...

Esther! Geh zum Brunnen, hol Wasser für deine Mutter, sie hat Fieber
JA, PAPA!

Natürlich ist der Brunnen so was von weit weg (20 km) und niemand außer mir geht hin. Und dann muss man den ganzen Weg auch noch zurück.

Ganz schön schwer

Dann gibt's noch die **KALTWÜSTEN**. (Die Pole, Sibirien, die Tundra...)

Also für mich wäre das ganz grauenhaft, dort zu wohnen
Ich friere ja in Paris schon die ganze Zeit

Dazu kommen noch wilde Tiere, die einen ständig angreifen, weil die auch frieren und Hunger haben...

?

Und da ist das **HOCHGEBIRGE**, keine Chance, Straßen zu bauen, Strom zu verlegen, und nicht genug Luft zum Atmen...

Noch dazu wird man offenbar ein Zwerg, wenn man lange dort lebt

Die **KLEINEN INSELN**: Man glaubt, das ist das Paradies, weil das Wetter gut ist, aber totale Langeweile, da gibt's nichts zu tun...

Schön schön ...

Mir ist klar geworden, welches Glück ich hatte, dass ich durch Zufall in Paris geboren bin. Danke, danke, Zufall.

Andererseits teile ich das Zimmer mit meinem Bruder Antoine, der mit Kopfhörer voll laut **PNL** hört (PNL ist eine Rap-Gruppe aus Drogendealern, aber die Texte sind völlig unverständlich).

NEE ABER HALLO! NEE ABER HALLO...

Eigentlich ist **MEIN ZIMMER** ein unwirtlicher Lebensraum (lach)

ZEICHEN FÜR TRANS AUF'M KLO GELASSEN
FERTIG WIE NUR WAS
KOMM HEIM MIT KOKS
IN DEN TASCHEN
?!

(Nach einer wahren Geschichte von Esther A., 12 Jahre alt)

Riad Sattouf

Das Schreiben

Diese Woche habe ich angefangen, einen Roman zu schreiben (Lesen ist eine meiner Leidenschaften). Nur um zu sehen, ob ich's kann (ich träume davon, mal Verlegerin zu werden).

Das bin ich, in den Klauen des Dämons der Fantasie (lach)

Mir gefallen Geschichten aus der „Ich"-Sicht, wo jemand seine eigene Geschichte erzählt, wie ein „Tagebuch"... Ich mag es nicht so, wenn eine „Sie" dies und das macht.

Deshalb mag ich ja auch Esthers Tagebücher" (kleiner Scherz)

Ich mag auch Geheimnisvolles, Schrecken, Action, Monster und alles, was romantisch ist.

Der Titel meines Buches ist: „Memoiren einer jungen Vampirin".
Geheimnisvoll, oder?

Also, ich habe mir vorgestellt, was wäre, wenn ich eine Vampirin würde. So ganz realistisch. Alles beginnt eines Abends, als ich allein zu Hause bin...

Ich mache Hausaufgaben...

Da höre ich plötzlich von draußen ein Kinderweinen...

Ich mache auf
?
Hiii! Hiilfe
Hiiiii

Und da, entsetzlich! Ein kleines Mädchen klammert sich an den Fenstersims und droht hinabzustürzen!

Helfen Sie mir, ich flehe Sie an! Holen Sie mich hinein!
Ich falle gleich

Mitfühlend und behutsam helfe ich ihr und hole sie in mein Zimmer... Welch ein **FEHLER**!

Alles wird gut, Kleines! Wie heißen denn deine Eltern?
Hiiii

Ihre Augen, so was von blau und tief, ganz unwirklich... Ich bin wie verhext...

Weil du gut zu mir warst, töte ich dich nicht... sondern mache dir das schönste aller Geschenke ...

Am Morgen wache ich auf, es kommt mir vor, als hätte ich so etwas wie einen Albtraum gehabt...

Mein Bruder liegt im Bett. Ich hab ihn gar nicht heimkommen hören
Rhh

Ich gehe in die Küche, meine Eltern sitzen beim Frühstück...

Guten Morgen, Esther!
Sag nur, hast du Akne, Schatz? Du hast ja zwei Pickel am Hals...

Ich renne ins Badezimmer.

(Nach einer wahren Geschichte von Esther A., 12 Jahre alt)

Riad Sattouf

Der eisige Wind

Ich glaube, ich mag es, mein Buch zu schreiben. Auch wenn das eine ziemlich anstrengende Angelegenheit ist.
Hier lese ich die ersten zehn Seiten noch einmal
Ernste Angelegenheit

Was bisher geschah: Nachdem ich einer kleinen Vampirin geholfen habe, hat sie mich gebissen. Was wird nun passieren?
Dieses Halstuch wird die Bisswunden wunderbar verbergen...
Noch kann ich mich im Spiegel sehen...
... alles in Ordnung

Ich gehe zur Schule, als ob nichts wäre. Ich komme mir vor, als würde ich schweben...
Das Licht brennt ein wenig in den Augen, aber nicht schlimm...
... ich trage meine Herzchen-Sonnenbrille
Schön, es regnet, na und?

Auch im Unterricht nehme ich sie nicht ab. Die Lehrerin sagt was. „Das Licht stört mich, ich behalte sie auf", sage ich mit schauriger Stimme; die alte Frau ist eingeschüchtert.
Nun gut, w...wie Sie meinen, Esther...

Mittags, in der Mensa, ekelt mich das Essen an... Aber es geht doch nichts über die Gewohnheit...
Äh... Geht's dir gut, Alte? Kommst ziemlich schräg rüber.
Jaa... Liegt nur am Gemüse, das widert mich an ...

Aber die Farbe von deinem Pulli gefällt mir gut.

Nach der Schule pöbelt mich so ein Rüpel aus der Neunten an. Grundlos wie immer.
Los, rück die Brille raus, blöde Schlampe.

Von jetzt auf nachher pocht seine Gurgel in meinen Händen, baumwollweich. Er erstickt wie ein Fisch auf dem Trockenen.
Hast... doch... schon... eine... Ekelpaket...
Leise, beängstigende Stimme
Khh

Erschreckt von meiner eigenen Kraft, verschwinde ich schattengleich, zum Sirenengeheul des eintreffenden Rettungswagens...
Ein eisiger, angenehmer Wind führt mich hinweg

Wieder daheim, belebt mich die Dämmerung, und als die Sonne untergeht, bin ich energiegeladen.
Kuckuck, mein Schatz ...
Mein Vater kommt von der Arbeit

Was hab ich für eine schöne Tochter! Immer schöner von Tag zu Tag...
SCHMATZ

(Nach einer wahren Geschichte von Esther A., 12 Jahre alt)

Riad Sattouf

Der Mord

Es geht voran mit meinem Vampirbuch! Es geht voran!
Da bin ich und zähle wieder mal alle Seiten
Hab schon zwölf!
Ganz gut, oder?

Was bisher geschah: Einen Tag nachdem ich gebissen wurde, bemerke ich schon, wie mein Körper sich zu verändern beginnt, und das bringt mich ganz durcheinander.
Beinahe hätte ich meinen Vater gebissen und bin vor der unwiderruflichen Tat in mein Zimmer geflohen

Ich täusche Krankheit vor, um unter der Decke zu bleiben.
Möchtest du nichts essen? Muss ich den Notarzt rufen?
AUF KEINEN FALL
Geht schon, ich brauche nur Ruhe!
Geh weg! LASS MICH!

Und als alle schlafen, zieht mich die Nacht in ihren Bann.
Ich bin ausge-hungert und springe aus dem Fenster als wär's nichts Besonde-res

Aua, hab mir beim Landen auf die Zunge gebissen ...

AAH!

Da bemerke ich unsere Hausmeisterin, die mich aus der Haustür heraus ansieht.
Unfassbar: Hässlich, wie sie ist, macht sie mich an wie eine Pizza Quattro formaggi!

Ein Massaker, ich bin ja noch Anfängerin im Vampirismus (ja, wenn's lustig ist, mag ich's blutig), eine Riesenschweinerei.

Jetzt gesättigt, fürchte ich die Folgen meiner Tat, die den Eingang in Blut gebadet hat.
HAH aber aber... Was werden meine Eltern denken, wenn sie erfahren, dass ich das war ...

Na und? Sollen sie's doch erfahren! Du gehörst nicht mehr zu ihnen...
?

DIE KLEINE VAMPIRIN, DIE MICH ZU DEM GEMACHT HAT, WAS ICH BIN!
Hast alles eingesaut! Das schreit nach Erziehung...
...TÖCHTERLEIN.

(Nach einer wahren Geschichte von Esther A., 12 Jahre alt)

Riad Sattouf

Die Last des Schreibens

Schreiben ist ein schwerer Beruf. Er verlangt Fantasie und Hingabe. Ich weiß, wovon ich rede, denn ich habe angefangen, ein Buch zu schreiben...

Hier schaue ich auf mein iPhone 3, anstatt mit der Geschichte weiterzumachen
Das musste so kommen (lach)
Wir Jugendlichen sind einfach Faulpelze

... **E**s ist so schwer, sich zu konzentrieren und alles im Griff zu behalten.

Bei jeder neuen Seite muss man von null anfangen
Das dauert

Außerdem, wenn man so eine Gruselgeschichte schreibt, muss man halt auch über Sachen nachdenken, an die man normalerweise eher nicht denkt...

Das stimmt einen nicht immer froh

Zum **B**eispiel, als Vampir ist man ja tot, verdammt, und... unsterblich.

Man bleibt auf ewig jung und hübsch (das ist fein)...

Aber unsterblich zu sein, heißt auch, dass man das Ende all seiner „nicht-vampirischen" Liebsten erleben muss.

Meinen Vater altersschwach sterben zu sehen, entsetzlich
BI-BIEP
BI-BIEP

Ganz abgesehen davon, dass man zwar das Ende seiner Liebsten erlebt, sie aber trotzdem beißen möchte, um ihnen das Blut auszusaugen!

Ein ganz widerlicher Gedanke, aber wirklich
BI-BIEP
BI-BIEP

Na ja, und die andere, weniger dramatische Lösung, die mir eingefallen ist, war, meine ganze Familie zu Vampiren zu machen, um sie um mich zu behalten.

Sogar meinen kleinen Bruder, der der jüngste Vampir aller Zeiten geworden wäre.

Mama!
Lustig, aber auch traurig, weil erst zwei Jahre und dann gleich die Ewigkeit, das ist nicht viel

Dann dachte ich an meinen Bruder Antoine als Vampir, wie er mich anmacht, grauenhaft.

Estheeer, die verstaubteste Vampirin von Paris! BLUTSTAUBSAUGERIN! Ahi! Ahi! Ahi!

Ich habe sogar fantasiert, ich breche bei Präsident Macron ein, um ihn zum Vampir zu machen (blöde Idee, ich weiß).

Komm her, Süßer!
Ja, er schläft mit der Fahne, er ist der Präsident

Es gibt so furchtbar viele Möglichkeiten, wenn man schreibt, man muss ständig was entscheiden und so...

WUAAAH!

Ich glaube, ich werde lieber Verlegerin und lese nur.

(Nach einer wahren Geschichte von Esther A., 12 Jahre alt)

Riad Sattouf

Die Scham

Zum Abschluss des fünften Schuljahrs haben Eva und ich einen Ausflug organisiert, um das Ende der Lernerei zu feiern!

Das bin ich mit meinem Vater, der mir zu meinem Zeugnis gratuliert (ja, ich hab's ganz gut gemacht)
Voll glücklich, mein Alter!

Wir haben fast die ganze Klasse in den Luxembourg eingeladen (ein öffentlicher Park gleich bei unserer Schule), zu einem „feierlichen" Imbiss.

Wir sind einkaufen gegangen (Saft, Süßkram usw)
Nimm mal Innocent
Au ja!

Wir saßen in der Sonne im Gras. Das war schon so was von gut.

Da hat auf einmal einer von den Jungs angefangen, einen anderen mit Wasser zu bespritzen...

... und das ist in eine totale Wasserschlacht ausgeartet!!!

Und irgendwann haben die Jungs drei **VOLLE** Wasserflaschen über mich geschüttet!

Was haben wir gelacht

Als dann plötzlich...

?
HEH, was?

Wir hatten unsere Taschen aus den Augen gelassen, und da hat so ein komischer Kerl drin rumgewühlt!

DAS GEHÖRT UNS! DAS GEHÖRT UNS!

Da hat er angefangen rumzuschreien und gesagt, wir würden ihn stören und dass wir, die Kinder von Reichen, das Schlimmste wären, was es gibt auf der Welt oder so...

Noch viel mehr schlimme Wörter, die man zu Kindern normalerweise nicht sagt

Also, wir haben geschrien und so, und endlich ist er weg. Niemand ist uns zu Hilfe gekommen!

Verflucht! Seid verflucht, ihr Hurenkinder!
Wir wollten doch nur, dass er nicht in unseren Sachen rumwühlt, der spinnt ja wohl!

Da habe ich gemerkt, dass alle im Park **MICH** angesehen haben.

Mein Kleid war so was von durchsichtig, von all dem Wasser

(Nach einer wahren Geschichte von Esther A., 12 Jahre alt)

Riad Sattouf

Der afrikanische Traum

Neulich nachts habe ich von Afrika geträumt (ein wundervoller Ort, wo ich hoffentlich mal hinfahren werde).
Das bin ich in der Savanne, ich marschiere vor mich hin, ganz entspannt

Ich habe keine Angst vor Löwen oder Tigern, ich weiß, dass ich nichts befürchten muss, denn ich wurde hier aufgenommen, die Tiere der Savanne respektieren mich.
Plötzlich sehe ich in der Ferne eine vertraute Silhouette ...

HAHAHA! WAS SIND DENN DAS FÜR MENSCHENOHREN?
HAHA! DAS IST DOCH NICHT DEIN ERNST!

Ich habe einen Lachanfall! Ich will ihm sagen, dass es mir leidtut, dass ich nicht anders kann, aber es geht nicht, ich muss zu sehr lachen... Da zieht der Elefant ab, STINKSAUER.
WARTE, ICH... WUHAHAAA

Und dann bin ich lachend aufgewacht!
HAHA
LUSTIG, ODER?

(Nach einer wahren Geschichte von Esther A., 12 Jahre alt)

Riad Sattouf

Der Rom

Kennt ihr die Roma?
Hier sehen mein Vater und ich uns auf der Straße welche an

Das sind Elendsvagabunden, ohne Land, die in Familien auf den Straßen unserer Städte vom Betteln leben.
Das könnte auch ich sein, echt (traurig)

Warum hilft ihnen denn niemand (Regierung, Präsident, sonst wer)? Könnte mir das mal jemand beantworten?
Neulich bin ich mit Cassandre ausgegangen, alte Freundinnen, die sich wieder mal treffen
Ihr geht's ganz gut

Wir kamen an einer Gruppe Roma vorbei, die da rumsaßen, und ein Junge hat uns angesehen. Der war sehr schön.
Verschleierter Blick
Ziemlich stylisch angezogen
Ich hab ihn angelächelt

UND DANN IST ER UNS EINFACH NACHGEGANGEN!
Äh, wir haben ein Problem, Esther.

Ich habe mich umgedreht und er hat mich angelächelt.
Sein Lächeln hat geblitzt: Einer seiner Zähne war aus Gold!

Cassandre ist völlig durchgedreht, sie hat nämlich Angst vor den Roma, und sie hat gesagt: „Komm, wir rennen!"
Der will uns entführen!

Und als wir uns umgedreht haben...
... da war er immer noch da, er war gerannt, beim Leben meiner Mutter!
DER HORROR!

Also sind wir schnell in eine Bäckerei gegangen...
Und er ist verschwunden

Was wollte er? Wieso hat er uns Angst gemacht, ich hab ihn doch angelächelt? Hat er gedacht, ich lache ihn aus? Oder haben wir das überhaupt falsch verstanden?
Ich muss sagen, es tut mir leid, dass ich gerannt bin

Und wenn er sich abgelehnt gefühlt hat? Arme Roma! Man sollte ihnen ein Departement für sie alleine geben, das wäre dann ihr Land.
Die Auvergne, zum Beispiel, warum nicht?
Da scheint doch niemand zu wohnen

Sie könnten es Romien nennen? Oder Romänien (aber ich glaube, das gibt's schon)? Oder Romanze? Oder was weiß ich?
Das wäre schön für sie, finde ich

(Nach einer wahren Geschichte von Esther A., 12 Jahre alt)

Riad Sattouf

Die Küsschen

Mögt ihr Küsschen? Ich schon.
Hier küsse ich mich selbst, um herauszufinden, was die anderen empfinden, wenn ich sie küsse

Ist euch aufgefallen, dass man durch die Analyse ihrer Küsse auf die Persönlichkeit von Leuten schließen kann?
Ein Küsschen geht so: ein Ansaugen durch die Lippen, sodass es ein bisschen schmatzt
SMÖCK!

Wir sollten uns alle lieber Küsschen geben auf der Welt, anstatt uns zu bekämpfen, findet ihr nicht auch (ich muss immer lachen, wenn ich solche Sachen sage).
Es heißt, man muss mindestens vier Personen am Tag küssen, um glücklich zu sein
Legende oder Wahrheit?

Zum Beispiel die Küsse meines Vaters (die mag ich wirklich sehr).
Eine Reihe sehr schneller Küsse
Smik Smik Smik Smik

Das ist eine Technik, um viele Küsse anzubringen, in der Zeit, die sonst nur für einen reicht.
Smik Smik Smik Smik
Schlau
Persönlichkeit: genießt das Leben zu 150 %

Die von meiner Mutter mag ich auch gern. Die kitzeln so mit dem Mund. Ich muss dann immer lachen.
Überraschungsangriff
Persönlichkeit: schelmisch (meine Mutter eben)

Ich versuche es meinem kleinen Bruder beizubringen. Unmöglich, er versucht's gar nicht erst, das nervt!
AUF DIE BACKE, LOS!
WÄÄÄÄH
Persönlichkeit: widerspenstig und jungenhaft, unausstehlich

Mein Bruder Antoine hat mir noch NIE ein Küsschen gegeben. Noch NIE! Unglaublich, oder?
Persönlichkeit: unergründlich/nervig

Meine Freundinnen küssen mich oft. Eva zum Beispiel hat immer den Mund etwas offen.
Smuck FFF!
Persönlichkeit: kriegt schnell keine Luft, muss atmen

Cassandre bewegt sich nicht mehr, wenn sie küsst. Der „Beküsste" (meine Erfindung, LOL) macht dem Kuss ein Ende, nicht sie!
Wenn ich es nicht beende, dann bleibt sie einfach so
Persönlichkeit: anhänglich

Meine eigenen kann ich nicht richtig analysieren. Ich denke, bei mir bewegen sich nur die Lippen, und ich mache nie die Augen zu.

Smuiek

Was meint ihr?

(Nach einer wahren Geschichte von Esther A., 12 Jahre alt)

Riad Sattouf

Die Sicherheit

Ich liebe es, mich in Sicherheit zu fühlen. Und der Ort, wo ich mich am sichersten fühle auf der ganzen Welt, das ist mein Bett, unter meiner Decke. Ich rolle mich darunter zusammen und lasse nur ein kleines Loch zum Atmen. Ein warmes, kuscheliges Versteck. Dort geht es mir so gut, dass ich mir vorstelle, draußen geschehen schreckliche, Furcht einflößende Dinge, die mich aber nicht erreichen können (und das macht es umso schöner dort zu sein, wo ich bin)... Zum Beispiel:

Es tobt ein Regensturm, vereint treiben Kälte und Tod ihr Unwesen inmitten einer lebensfeindlichen Umwelt
... aber ich bekomme nicht einen Tropfen ab.
Ein Lavastrom bahnt sich unaufhaltsam seinen Weg und löscht alles Leben aus...
... aber ich bin vor der Lava geschützt
Ich bin tief auf dem Grund des Ozeans...
... in meiner Blase
Ich bin auf einer kleinen Plattform oben auf einem Mast, der durch die Wolken ragt, Tausende Meter hoch...
... aber weil ich die Augen nicht aufmache, wird mir nicht schwindlig
Ich werde Hunderte Milliarden Jahre in die Vergangenheit geschleudert, zu grausamen Dinosauriern...
HRSSSSS
... auch vor ihnen bin ich gut geschützt
Ich treibe auf der Eisscholle, draußen ist es bitterkalt, sogar die Pinguine frieren...
WUUUUUUUU
... aber mir ist mollig warm (Hihi)
Ich bin auf dem Mond, und alle anderen sind sehr, sehr weit weg von mir...
... mir geht es gut
Jetzt nur noch einschlafen (LOL)

(Nach einer wahren Geschichte von Esther A., 12 Jahre alt)

Riad Sattouf

Gaëtan

Wisst ihr noch, dass ich einen kleinen Bruder habe, der Gaëtan heißt und im November zwei Jahre alt wird?

Hier sind wir, in „Perfekte-Große-Schwester-Stimmung"
Ich lese ihm etwas vor

Ich mag's, ihn aufwachsen zu sehen. Sehr interessant, wie verschieden wir sind und was schon in so frühem Alter den Unterschied ausmacht.

... und Kaki sagt: „Wieso muss ich in die Heia?"
VVVRRRTCHH
Gaëtan.
HÄ?

Ich versuche, die weibliche Seite in ihm zu wecken (Sensibilität, Sanftheit, Verständnis), und glaubt mir: Das ist nicht einfach.

Gaëtan, konzentrier dich mal ein bisschen, ja? Ohne Konzentration bringt man's zu nichts im Leben! ICH LESE DIR HIER GERADE EINE GESCHICHTE VOR!

VRRCHH!

MÜHLLASSTER!
VRRRCHIIIVRRR
Die reine Faszination

An alle, die sagen, Jungs und Mädchen, die wären im Grunde gleich: Ihr liegt völlig falsch, ihr habt doch überhaupt keine Ahnung.

MÜÜHLLAAASSTER!
VRRCHIIIH!

Mir jedenfalls sind Müllautos so was von egal... Bei mir ging's um Puppen, Babypuppen und so. Punkt.

Diese kleinen Plastikwesen waren Dinge, die ich durch meine Fantasie zum Leben erweckt habe
BABE
Ich weiß noch, ich hatte eine Nenuco

Deshalb habe ich früh gewusst, dass ich einmal Mutter sein möchte (ich will vier Mädchen).

Da ist sie noch!

Gaëtan! Komm, wir kümmern uns um das Baby. Es muss gewickelt werden und...
NEIN!

Gaëtan wird Müllmann. Schicksal, da kann man nichts machen.

Mühlaster.
VRRCHHH!

Wir werden als Mädchen oder Junge geboren, mit unseren Gemeinsamkeiten und riesigen Unterschieden. Versuchen wir, damit zu leben. Und gute Laune zu bewahren.

„Komm, Nenuco, fahren wir diesen MÜLLLASTER"
Vrumm, Vrumm
Mühlaster?

NEIN

Nehmen wir es hin, dass sich das niemals ändern wird.

Lali la

(Nach einer wahren Geschichte von Esther A., 12 Jahre alt)

Riad Sattouf

Esthers Tagebücher, der Film

Aufgepasst, eine total irre Geschichte! Vor Kurzem habe ich erfahren, dass Filmproduzenten (das sind sehr reiche Leute, die Filme herstellen und das bezahlen) daran interessiert sind, aus den Comics von „Esthers Tagebücher" einen Film mit Schauspielern zu machen!!! Ist doch UNGEHEUER, oder? Aber, bitte, nehmt auf keinen Fall französische Schauspieler (die sind zu schlecht) für die Rollen! Es müssen amerikanische sein (viel talentierter), das ist besser. Und vor allem muss man auch für die Rollen der Jugendlichen Erwachsene nehmen, dann kann man sich besser identifizieren. Hier habe ich einige Casting-Vorschläge, wenn es euch interessiert (man weiß ja nie).

Mein Vater: Johnny Depp
Ich mag diesen Schauspieler, weil er nicht nur schön ist, sondern auch lustig (wie mein Vater) und er ähnelt ihm auch
Mitreißend und sanft
Meine Mutter: Gal Gadot
Sie spielt in Wonder Woman, eine dynamische Frau, die keine Angst hat, sich öffentlich ungeschminkt zu zeigen, und die in der Vergangenheit auch Model war.
Mein kleiner Bruder:
Nehmen wir ein Kinder-Model mit Engelsgesicht (in dem Alter gibt's noch keine Berühmtheiten)
Die drei Jungs, die um mich kämpfen:
Matthew Morrison:
Einfach zum Anbeißen schön (lach)
Antoine: Nekfeu
Der einzige Franzose im Casting (mein Bruder bewundert ihn, das wird ihn freuen)
Chace Crawford:
Eva, meine Freundin: Jayma Mays
Aufregende Rothaarige, nicht besonders hübsch
Ich: Cara Delevingne
Schauspielerin, Mannequin, melancholisch, nur zu bewundern
Eine Feindin: Mercedes Lambre
aus „Violetta". Sie ist schön und schrecklich zugleich.
Chris Pine: Der geheimnisvolle Blonde, der einen mir nichts, dir nichts verzaubert
Nicht schlecht, oder?

(Nach einer wahren Geschichte von Esther A., 12 Jahre alt)

Riad Sattouf

Die Wehmut

Sitzt ihr auch alle gut? Ich habe euch etwas zu sagen, das euch total schockieren wird, glaube ich.

Hier gehe ich gerade Brot einkaufen und bin sehr auf eure Reaktion gespannt

ICH LIEBE DEN SCHULANFANG TOTAL!

Tja ja, ich bin anders als alle anderen!

Ich mag die **STIMMUNG** zu dieser Jahreszeit.

Meistens ist es grau und es regnet, der Herbst kommt bald

Ich habe sehr viele wehmütige Gedanken, so als würde eine Hand mein Herz zusammenpressen.

Ich denke gleichzeitig an die Vergangenheit, die nicht wiederkommt, so nach dem Motto: „Ich werde älter"...

... und an alles, was mir dieses Jahr passieren könnte, und auch sonst zukünftig im Rest meines Lebens.

WUUUUUU

Dieses Jahr war ich nicht im Ferienheim (keine Plätze mehr frei), ich war bei meiner Oma in der Bretagne.

Leider war da den ganzen Sommer über Herbst

Ich habe Ferienaufsätze geschrieben, ich liebe das.

Hört sich ja vielleicht intellektuell an, aber ist mir doch egal
„Die Einheit der Athener ruhte auf drei Säulen: der religiösen, der politischen und der militärischen..."
Hah ja, stimmt.

Keine Ahnung, wie das in der sechsten Klasse werden wird!

Ich bin neugierig auf die neuen Lehrer, wie sie aussehen

Ich wäre zu gerne die beste Schülerin der ganzen Schule, um meinen Eltern Freude zu machen...

Ich mag sie so gern

... will mir aber dabei auch den Ruf des Mädchens wahren, mit dem man sich abbückt (das heißt: „mit dem man lacht").

Ich sag mal, wer da nicht mitlacht

Und ich möchte gern weiter von allen gemocht werden.

Ganz einfach

(Nach einer wahren Geschichte von Esther A., 12 Jahre alt)

Riad Sattouf

Die sechste Klasse

Das war heute so ein total komischer Tag für einen Schulanfang.

Hier bin ich, wie ich um 10 Uhr 20 aufwache (ja, ihr habt richtig gelesen)
UUAH...

Dann habe ich noch bei uns abgehangen (Frühstück, Fernsehen, Mini-Siesta, als hätte ich nicht schon genug geschlafen).

Tuuu ta tu laaa

Meine Eltern waren malochen (das heißt: „auf der Arbeit"), Antoine im Gymnasium, Gaëtan bei seiner Tagesmutter.

Und hier die Alte, die das nicht kratzt
SNCF, wir verbinden

Ich habe mit Eva gesimst, wir sind um 14 Uhr vor der Schule verabredet...

Ja, weil es erst um 15 Uhr losgegangen ist!
-ALKLA?
-phat
-cul8er
vds ok?
Zu gut!

Um 11 Uhr 30 bin ich unter die Dusche, und irgendwann hab ich die Kacheln angestarrt...

Wie in Watte gepackt

... und, ich schwör's, ich kam mir vor wie ein **FROSCH**.

Kuckuck, alte Irre

Meine Mutter hat vorgeschlagen, zusammen bei der Schule zu Mittag zu essen, ein Laden, wo sie Fladen machen.

Ich bin ganz normal da hin
Null Schminke
Kein „Schulanfangs"-Outfit

Wir haben gegessen, es war gut, aber zu scharf, mir hat der Mund gebrannt.

Wir hatten Spaß

Danach hab ich mich Richtung Schule aufgemacht und ein total schöner erwachsener Mann hat mich auf der Straße angelächelt.

Ist das dem egal, dass ich zwölf bin, oder was?
Schräg

Dann waren wir im Schulhof versammelt, und die Direktorin hat eine dermaßen bescheuerte Rede gehalten.

... und lasst es euch gesagt sein, dieses Jahr will ich auf dem Hof keine Bonbonpapiere mehr herumfliegen sehen

Neuerung in meiner Schule: Es gibt zwei Sorten Schülervertreter. Die „normalen" und die „Öko-Vertreter", die schlagen Alarm, wenn die Mülleimer voll sind, oder kümmern sich um Bäume.

Meine Freundinnen und ich wollen alle kandidieren

Nein, war ein Witz (lach)

Was ist das denn für ein Start in die sechste Klasse, also wirklich?
Pfrrrt!
Harf!

(Nach einer wahren Geschichte von Esther A., 12 Jahre alt)

Riad Sattouf